中原地产红皮书2010 深圳卷

中原集团研究中心　著

深圳中原市场研究部

中国建筑工业出版社

本书以翔实的资料，尤其是第一手的数据资料和调研资料，分析介绍了2009年全年和2010年上半年深圳房地产市场的总体情况，以及行业动态、土地市场、住宅市场、写字楼市场、商铺市场等各细分专业市场领域的发展与变化。此外，本书对深圳房地产市场的几个热点专题进行了着重分析，包括自用投资皆宜、学区房投资潜力大、前海中心商业市场分析、楼市低迷开发商各显神通促销售、危与机并存龙城地产面临新挑战和深圳市小户型住宅研究等，并对2010年下半年以及2011年深圳房地产市场进行了预测。本书可对房地产专业人员分析研究市场环境与发展起到借鉴作用，对普通大众的投资置业行为也具有较强的指导意义。

编委会

序

发挥中原优势　继续做大做强

首先，借此序祝贺中原地产红皮书出版5周年。中原地产红皮书汇集了深圳、上海、北京、广州、香港等八大区域的城市、楼事和数据等方面的资讯，通过对这些信息的深度挖掘，红皮书对各地年度时事进行逐一的深入分析，对各地楼市未来热点进行全面解析，它是中原各分公司的一个集体结晶。中原地产一直秉承“公开资讯、公平交易”的原则，且各分公司在各区域都有较大的市场占有率，所以，中原红皮书能够全面和真实地反映整个中国房地产市场的情况，对开发商是否拓宽区域发展的决策有较大的参考作用，能够帮助社会各界了解整个中国房地产市场的情况。

2007～2010年深圳楼市跌宕起伏。2007年下半年在“限外令”、提高“二套房贷”首付比例和利率的政策下，深圳楼市成交低迷。2008年加上金融风暴的影响，楼市成交持续低迷，房价大幅下挫。2009年政府刺激楼市，同时金融危机缓解，深圳楼市量价暴增，全年商品住宅成交总面积2025万m^2，同比增幅138%，楼盘价格普遍也上涨4成以上。2010年3月份楼市火爆愈演愈烈，4月中旬国务院出台堪称史上最严厉的调控政策，市场随即降温，但因住宅供应低迷、人民币持续升值、通胀预期加剧、投资渠道窄小等因素，楼市经过近3个月的调整又现回升迹象。楼市持续波动、政府频繁调控，回顾每次的调控政策，政府都是从压制需求着手，政策要么效果甚微，要么不能持续生效，楼市总在调控后与政策背道而驰。

缓解住房供不应求的矛盾迫在眉睫。因此，政府可否从供应入手？加快城市的更新速度，扩大土地供应，增加普通住宅和保障性住房的供应，缓解楼市供不应求的局面，以便促进房地产市场长期稳定健康的发展。

同样，中介机构也应发挥好社会功能，不断提高社会形象，促进行业的健康发展，避免市场波动时的盲目扩张或大面积关铺，而应从企业的可持续发展出发，制定好发展战略计划。深圳中原在这方面准备较充足，我们一直在按照战略计划稳健地发展。在市场不好时做了很多固本培元的工作，对员工进行定期的培训，储备了非常出色的团队精英，且在持续地引进人才。另一方面，我们也注重企业的做大做强，在加大力度开铺，逐渐拓宽服务网点，合理分配利用公司的资源，节约社会成本的同时进一步扩大市场占有率，不断提高社会影响力，力争把主要竞争对手和我们的差距拉的更开一些。

李耀智
Andy

中原地产代理（深圳）有限公司董事总经理
2010年9月21日

目 录

城 市

楼　事

公　司

中原地产代理（深圳）有限公司

插图目录

表格目录

Market
城市

深 圳 | SHENZHEN

政策主导楼市　潜在需求择机入市

房企应对调控　开源节流现金为王

土地供应偏紧　地王层出不穷

楼市过热遭调控　08年惨状难以重现

楼市炙热　写字楼供需创新高

政策利好　商铺市场逐渐走出低谷

第1章　政策主导楼市　潜在需求择机入市

中国楼市是典型的政策市，虽然经济危机还没远去，但在2008年底一系列优惠政策的刺激下，2009年全国楼市却奇迹般飙升。首次置业及改善型置业首付2成、7折优惠利率、营业税减免，这些优惠政策极大地刺激了购房者购房的冲动。而2009年天量信贷投放，通货膨胀预期陡起，保值增值需求也十分强劲，这一系列因素促成2009年火爆的市场。疯狂的投机炒作一直延续到2010年3月，当月深圳市二手住宅成交量高达182万m^2，创2006年以来单月成交最高纪录。

所谓乐极生悲，高烧的楼市最终再遭调控。2010年4月14日出台的《国务院关于坚决遏制部分城市房价过快上涨的通知》，其调控力度远超2007、2008年，足见政府抑制房价的决心。经过2008年的洗礼，开发商、业主变得更加“识时务”，5月份深圳房价便出现松动，开发商放低预期价、调低开盘价，业主也给予更多的议价空间。经过2009年的“教训”，购房者也不再盲目观望，价位合适的楼盘仍受到追捧。

2010年6月起，深圳市房地产市场成交量逐月增加，似乎预示深圳楼市最坏的时候已经过去。然而楼市能否持续回暖，还需仰仗银行信贷。从目前的政策取态来看，调控仍将从紧，信贷亦不会放松。预计价格仍有下滑的压力，但成交量在刚需的支撑下，有望保持在较好水平。

1.1 市场走势：房价飙升　楼市再遭调控

1.1.1 行政手段调控　楼市大起大落

无论是2007年的调控政策还是2010年的调控政策，均有一个共同点，就是政府通过行政命令的方式，要求银行限制房贷，从而压制市场。2010年的政策表现得更加淋漓尽致，不仅要求银行提高房贷首付和贷款利率，还建议地方可以限制购买第三套住房、限制外地人购房。这种通过行政命令干预的方式造成了市场非常规的大起大落。

图1-1　深圳市各月商品住宅成交情况（2008年1月～2010年6月）

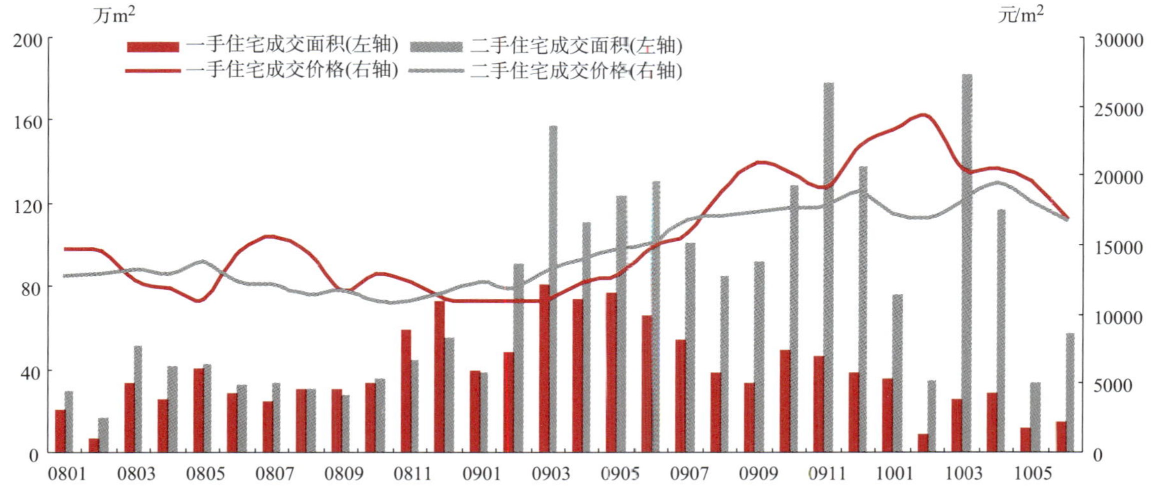

数据来源：深圳市规划和国土资源委员会、深圳中原市场研究部。

2007年下半年以来的房地产宏观调控以及2008年的全球金融危机，极大地压制了深圳的住房需求，2007年下半年仅成交商品住宅约331万m²，2008年全市仅成交约851万m²，而之前几年深圳市商品住宅年销售量都在1200～1400万m²上下，简单推算2007年下半年至2008年全市被压制的需求至少有600万m²左右，这为2009年楼市的火爆埋下伏笔。

2008年四季度在"四万亿投资"以及一系列房地产刺激政策的推动下，房地产市场开始回暖。2009年深圳全市成交新房约650万m²，同比增加58.81%。根据中原的统计，2009年深圳市新推出的商品住宅，整体销售率达83%。不过，由于2008年以来一些开发商放慢施工进度、2009年一些楼盘捂盘惜售，导致深圳2009年新房供应量仅约469万m²，同比减少15.29%，这限制了2009年新房成交量进一步走高。而二手房的成交能更全面反映市场的火爆，2009年深圳全市成交二手住宅1375.29万m²，同比增加211.01%。

2010年4月17日《国务院关于坚决遏制部分地区房价过快上涨的通知》出台，其对房贷的控制要求原高于2007、2008年，政策一出台，楼市成交量随即萎缩。4月1～17日深圳成交新房22.47万m²，4月18～30日总共仅成交住宅6.65万m²。4月份全市二手房成交约117万m²，环比减少35.75%。5月份的市场进一步萎缩，新房、二手房成交量环比分别有59.17%和70.90%的下滑。

1.1.2 新政变相利好　商用物业受欢迎

"新国十条"指向的调控对象主要是商品住宅市场。政策要求第二套房首付比例不得低于5成，且利率上浮1.1倍，导致购买第二套住宅所需的资金成本与购买商用物业相差不大，也即投资商品住宅与投资商用物业的资金杠杆一样。然而深圳的商用物业租金回报率历来均高于住宅，从而造成2010年2季度住宅市场冷淡，而商用物业市场火爆。

图1–2　深圳市商用物业月度成交情况（2008年1月～2010年6月）

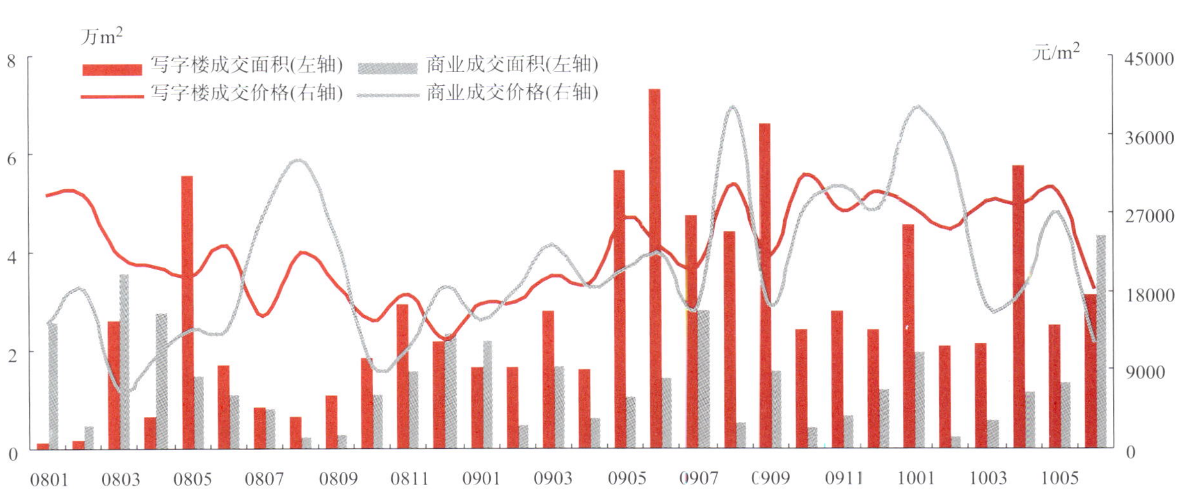

数据来源：深圳市规划和国土资源委员会、深圳中原市场研究部。

与住宅市场相比，写字楼市场表现毫不逊色。2009年深圳写字楼市场呈现供需两旺局面，供需均刷新历史纪录，售价同样出现新高。2009年全市写字楼供应量面积为99.68万m²，比2008年增长67.25%，刷新2004年以来的新高。在整体成交频繁、投资需求旺盛的影响下，写字楼成交面积同样创造新高，达44.25万m^2，同比2008年上涨115.01%，比2006年历史最高销售纪录38.70万m^2高出14.34%。与此同时，写字楼成交价格也大幅上涨，2009年全市均价为24054元/m^2，比2008年上升26.90%，刷新历史纪录，比2007年高出2.21%。

相比而言，商业市场在2009年表现则较为逊色。深圳在售商业多以特区外的社区商业为主，供应分散、市场推广力度弱，加上经济大环境走势尚不完全明朗等因素的影响，使得市场交投清淡，2009年深圳商业物业的成交面积为14.68万m^2，与去年同期相比下降19.47%。不过，随着住宅、写字楼价格水涨船高，商业售价也有较大升幅，2009成交均价为20658.66元/m^2，同比大幅上升56.59%。相对2008年底，个盘涨幅普遍在20%左右，个别超过30%。

进入2010年，商用物业市场持续火热。4月份深圳写字楼成交5.77万m^2，创2009年10月份以来新高，环比增加168.37%。5、6月受“限外令”重新实施的影响，成交量虽比4月回落，但仍处于2009年10月以来的高位。

商业市场在2010年表现尤为出色，2月份以来成交量便持续增加，6月份成交量更是达到4.13万m^2，创2008年以来新高，环比增福达到221.64%。

由于商用物业整体成交量偏小，因此整体均价受到某个盘的影响大，从图1-2可见商用物业月度价格波动非常大，因此不太具有参考性。从细分的个盘看，与二季度商品住宅价格走低相反，商用物业价格不断走高。在成交火爆的推动下，相比3月，2010年4月写字楼价格普遍有2%～4%的涨幅，如市场销售主力的“东方新天地广场”、“耀华创建大厦”、“哈尔滨大厦”、“万骏经贸大厦”、“汉京大厦等”。商业的售价同样受到政策的刺激，从4月份成交较活跃的“大鹏曼湾广场”、“振业城”、“丰盛町地下阳光街”、“德意名居（二期）”的价格走势来看，4月售价普遍有3%左右升幅。

1.2 政策导向：整顿市场与增加供应并行　政府积极调控楼市

1.2.1 先行一步　深圳整顿房地产秩序

认筹、收诚意金、分批推售，这是深圳楼盘一贯的炒作手法，也对房价的上涨起到不小的促进作用，特别是分批推售。在2009年分批推售的楼盘价格呈现出节节攀高的走势，典型代表是“金域华府”。该楼盘2009年累计7次推售，年初价格11000元/m^2，年底时已上涨至24000元/m^2。

为了遏制房地产交易环节违法违规行为，规范房地产市场交易秩序，减少房地产市场炒卖之风，抑制房价非正常上涨，深圳市规划和国土资源委员会从2010年1月6日开始，开展为期4个月的房地产市场秩序专项整治工作，开发商、中介、估价机构都成为专项整治工作的检查对象。

本次房地产市场秩序整顿工作主要针对以下两个方面：针对房地产开发企业，重点查处非法预售、发布虚假广告、囤积房源、合同欺诈、售楼现场不按规定公示规定事项、不按规定填报项目手册、未取得预售许可前违规收取定金、意向金、诚意金等违法违规行为；针对房地产经纪领域，重点查处未取得《深圳市房地产经纪机构备案证书》的机构从事经纪业务，未取得《房地产经纪人资格证》的人员从事经纪业务，欺诈客户、超出规定收取客户定金、诱骗客户监管交易资金、挪用客户资金、不按规定打印居间和买卖合同等违法违规行为。

虽然政府的专项整治工作没有能完全杜绝以上行为，开发商仍可通过一些变通的手法认筹、囤房，但本次工作确实对规范深圳房地产秩序有一定的作用。

1.2.2 严格执行国务院新政　未增调控力度

2010年5月6日深圳市人民政府下发《关于印发深圳市深圳市贯彻落实国务院文件精神 坚决遏制

房价过快上涨的意见的通知》，其中要求严格执行《国务院关于坚决遏制部分城市房价过快上涨的通知》对购买不同套数住房家庭差别化信贷政策，限制各种名目的炒房和投机性购房；商业银行根据风险状况，暂停发放购买第三套及以上住房贷款；对不能提供1年以上本市纳税证明或社会保险缴纳证明的非本地居民暂停发放购买住房贷款。

深圳市政府没有出台更严厉的调控政策，如北京市政府般要求停止发放第三套房贷、规定同一购房家庭只能新购买一套住房，而只是要求严格执行国务院政策，其目的显然是要先观察国务院政策的执行效果，因为该政策已经足够严厉，这也符合深圳市政府一贯以来的做法。

1.2.3 房地产市场监管办法出台　调控再加码

为进一步规范房地产市场秩序，也为了协同国务院政策抑制房价上涨，6月8日深圳市政府常务会议审议通过《深圳市房地产市场监管办法》，其主要内容包括：①房地产开发项目申请预售前，项目资本金账户余额应当不低于项目资本金10%，并在项目取得规划验收合格凭证后，方可提取使用；②房地产开发企业销售商品房之前，应当合理确定销售价格，并报价格监督执法部门备案；③房地产开发企业应当按照经备案的销售价格，明码标价销售商品房。确需调整销售价格且调整幅度超出备案价格15%的，应当在调整价格前办理备案变更；④未取得预售许可证而销售或者以内部认购、内部认筹等方式变相销售商品房的，由主管部门责令停止违法销售行为，并按实际销售的商品房数量每套处10万元罚款；⑤房地产经纪机构不得为交易当事人规避房地产交易税费或者其他非法目的，就同一房地产签订不同交易价款的不同合同提供便利，违反本规定的，由主管部门责令限期改正，处5万元罚款。该政策从2010年9月1日起实施。

《深圳市房地产市场监管办法》对开发商现金流提出了更高要求，对其违规营销手段处罚严厉，通过处罚经纪机构以期达到减少、杜绝“阴阳合同”的目的，这些措施如能严格执行，也将对房价产生消极影响。

1.2.4 城市更新　商品房供应瓶颈有望改善

除了通过上述一系列措施来规范深圳房地产市场行为，抑制房地产市场炒作之外，深圳市政府还通过增加供应来平抑房地产市场。

2009年10月22日深圳市出台《深圳市城市更新办法》，其中提出旧工业区、旧商业区、旧住宅区、城中村及旧屋村等，可以根据城市规划和本办法规定程序进行综合整治、功能改变或者拆除重建的活动。这意味着一些老旧工业区、商业区、住宅区以及城中村等都可以申请拆除重建，而且允许更新项目的功能及建筑面积改变，如工业区可以改造为商业区、住宅区，旧住宅区改造后建筑面积可以增加，这一切将使深圳商品房供应显著增加，改善供应紧张的局面。

在深圳特区成立30周年之际，2010年6月28日深圳20个城市更新项目同时开工，该批项目涉及总用地面积2145亩，规划批准建筑面积440万m^2，其中，商品住宅建筑面积210万m^2，保障性住房7.8万m^2，预计固定资产投资额220亿元。除此之外，深圳市还另外批准了城市更新项目47项，规划批准建筑面积2100万m^2，预计2010年年内还将有一批项目陆续开工。

1.2.5 特区版图扩大　关外地产迎来利好

2010年6月8日，《关于延伸深圳经济特区范围的请示》得到国务院批复，深圳经济特区范围将从2010年7月1日起，扩大至宝安、龙岗两区，深圳将再无关内关外之称。

特区版图扩大，将促进深圳经济持续发展，另外也意味着宝安、龙岗两区所获得的政府投入将增加，两区各类配套将更快得到完善，也将提高深圳房地产价值，促进房地产市场平衡发展。

1.3 区域格局：新房供应偏低　全市各区房价普遍上涨

（1）罗湖：二手住宅成交为主　量价较平稳

罗湖新房供应少，2006年以来每年供应量都在40万m^2以下，2010年上半年供应量甚至只有5.33万m^2。供应少，成交量低，造成罗湖每年新房成交量变化大，2009年该区成交新房33.83万m^2，同比增加103.31%，而2010年上半年只成交3.28万m^2，不足2009年的1成。罗湖的商品房成交以二手住宅为主，2009年其成交成交二手住宅239.03万m^2，是一手住宅的7倍，2010年上半年二手住宅成交103.77万m^2，更是一手住宅成交量的31.64倍。

作为深圳最早开发的区域，罗湖区域发展已经十分成熟，加上深圳城市发展的西进以及北扩，罗湖房地产受关注的程度较低，房地产市场波动较小。以该区主要的成交物业二手住宅为例，其2009年成交量同比只增加144.53%，远低于盐田之外的其他四区，2010年上半年其二手住宅成交量比2009年减少56.59%，减少幅度也不及福田、南山及宝安区。房价同样如此，2009年罗湖二手房成交均价13523元/m^2，同比上升17.79%，涨幅小于其他各区。

2010年下半年以及2011年罗湖的新房供应仍将处于低水平，市场成交仍以二手房为主。因缺乏炒作的热点，罗湖房价走势仍将比较平稳。

（2）福田：二手住宅及写字楼成交多　价格跌少涨多

同罗湖一样，福田近年来新房供应少，住宅成交以二手房为主，2009年、2010年上半年二手房成交量分别是新房成交量的11倍和16倍，只是由于地理位置优越，投资需求大，福田二手房成交量波动更大。2009年市场火爆时，福田二手房成交量高达351.05万m^2，原高于其他各区，其同比增幅也达到289.75%，位列各区之首。2010年上半年受到政策的影响，福田二手房成交量只有113.93万m^2，比2009年下降67.55%，降幅仅略低于南山区。

虽然成交量波动大，但福田住宅价格呈现的是易涨难跌的走势。2008年深圳不少楼盘价格跌幅在3成以上，而福田楼盘价格跌幅基本都在2成以内。2009年市场好转，房价上涨，福田房价上涨幅度更大，2009年同比上涨24.19%，仅低于成交量很少的盐田区。其中福田豪宅价格表现最为抢眼，水榭花都、香蜜湖一号、香域中央等豪宅2010年3、4月份的价格都比2007年高峰时上涨了3成以上。

除了二手住宅，福田写字楼市场也较为活跃，近年来其供应量、成交量都位列各区之首。深圳目前甲级写字楼主要分布在中心区、中心西区、南山中心区和蔡屋围这四个片区，其中蔡屋围基本无地可建，这几年新盘供应很少，南山中心区写字楼市场则尚未形成规模，开发速度慢，近年深圳写字楼供应主要来自中心区片区和中心西区片区，其成交也主要来自这两个片区，而中心区片区和中心西区片区都是位于福田区。

2010年下半年及2011年福田新房供应预计会有所增加，不过其量仍会处于较低水平，未来福田的住宅市场仍是以二手房为主。虽然中心区仍有不少甲级写字楼项目在建或者待建，但多数项目以自用为主，租多售少，未来福田可售的一手甲级写字楼并不多。

（3）南山：前海规划刺激　豪宅集中房价飙升

2009年、2010年上半年南山多个豪宅项目入市，2009年均价25000元/m^2以上的新盘共13个，供应面积约46万m^2，占全年南山供应总量近4成。2010年上半年南山的新增供应更是以豪宅为主，均价30000元/m^2以上的项目8个，供应面积20.76万m^2，占南山上半年供应总量近6成。其中都是豪宅项目的后海湾片区2009年在售楼盘多达9个，是深圳市楼市最火热的区域。由于地理位置优越，规划前景好，就算是在市场低迷的2008年，后海湾的楼盘销售仍十分理想，2009年片区市场更是炙手可热，楼盘销售火爆，开盘销售率大多在7、8成以上，不少甚至开盘售罄。因热销，价格也扶摇直上，2009

年下半年片区楼盘价格基本都在32000元/m²以上，平层单位最高价超过43000元/m²，创深圳新高，别墅价格近100000元/m²，比年初翻了一倍。除了后海湾之外，华侨城片区、红树湾片区的豪宅价格也是疯狂上涨，纯水岸高层复式价格高达55000元/m²，创深圳同类产品新高。豪宅价格飙升，刺激其他楼盘纷纷上调价格。

另外，由于深圳规划通过与香港合作开发，把前海地区打造成为高端化、集群化、总部型、创新型的现代化产业合作示范区及未来深圳新城市中心，受此规划利好的影响，前海楼盘价格纷纷上扬，尽管居住环境仍有待改善，楼盘价格纷纷上涨至20000元/m²左右，而区域房价2008年低谷时只有8000元/m²。前海楼盘价格上涨，也反过来推动豪宅价格的上升，造成2009年、2010年南山房价大幅上升，少则上涨5至6成，多则翻倍以上。

2010年4月份后受国务院新政的影响，南山商品住宅成交放缓，个别项目价格也有所回调，但降价的幅度都比较小。虽然2010年下半年以及2011年南山仍有不少项目可以入市，且豪宅所占比例较高，楼盘成交有些压力，但通货膨胀预期不减，豪宅价格仍会比较坚挺，加上前海规划的支撑，南山房价走势会好于深圳大势。

（4）盐田：供需偏紧　别墅主导拉动房价

因地理位置的缘故，盐田房地产市场历来都是比较平淡，供应少，除了一些豪宅、投资性物业，其吸引区域外的客户并不多。2009年至2010年上半年盐田总共仅推出住宅17.71万m²，成交约24万m²，是全市新房成交量最小的区域。盐田的二手房市场也不活跃，2009年至2010年上半年总成交量不过38.72万m²，远低于其他区。

因供需量小，盐田房价也较为平稳，2009年至2010年上半年涨幅多在2成左右。不过，区域豪宅的表现则非常抢眼，成交火爆，价格大幅上升。东部华侨城天麓六区开盘前不断上调价格预期，最终开盘均价比2个月前预期的价格涨了3成左右，而且项目开盘销售还十分火爆，当天售出8成。2010年1月项目推出新一批独立别墅，价格高达130000元/m²，创项目新高，比2008年推出的位置最好的产品贵40000元/m²。

2010年下半年及2011年盐田新房供应量会有所增加，别墅仍是市场的焦点，至少4个顶级别墅项目推出。豪宅的稀缺性以及当然经济环境的特殊性，注定盐田豪宅仍将居高不下。

（5）宝安：新房供应减少　二手比重大幅提高

2009年宝安新房仅推出130.41万m²，同比大减41.94%，虽然2010年上半年该区新房供应量同比增加超过2成，但与2009年之前的几年相比，仍是有不同程度的下滑。供应量的减少，直接限制了宝安新房的成交量，2009年成交量同比增幅仅46.31%，增幅低于其他各区。二手房则有所不同，2009年其成交量同比增幅超过2倍，仅低于福田和南山。2010年上半年宝安二手房成交同样活跃，成交面积超过100万m²。

比邻南山和福田的优越地理位置，以及良好的发展规划，宝安楼市近年来成交都比较火爆，价格也是涨势凶猛，2009年以来表现得更是突出。与2008年、2009年初的低谷相比，在不到一年半的时间内，宝安楼盘价格涨幅大都在5成以上，价格翻翻的不在少数，典型的如万科金域华府项目，2009年初价格11000元/m²，2010年4月上涨至29000元/m²，涨幅近200%，又如别墅项目莱蒙水榭山，2008年最低价格33000元/m²，2009年上涨至70000元/m²左右。

经过2009年以来的爆炒，宝安房价已经不低，特别是龙华和宝安中心区这些区域，价格与福田、南山已经不相上下。随着下半年更多新盘推出，如政策能严格执行较长时间，宝安房价有下滑的风险。

（6）龙岗：住宅成交量大　房价跌多涨少

龙岗是深圳市行政面积最大的区域，近年来其新房供应量一直维持在较高水平，成交量也与宝安区不相上下。由于宝安新房供应减少，2009年和2010年上半年龙岗成为全市新房成交最多的区域，成交量分别比宝安区多10.59%和36.10%。2010年上半年龙岗区二手房市场也迅猛发展，其成交量超过福田区，跃居全市首位，而2009年其成交量位列全市第五。

虽然越来越多的人愿意到龙岗置业，但较差的城市面貌、糟糕的交通条件等不利因素，使得龙岗房价一直相对低的水平，并且容易产生波动。在2007年的市场调控中，龙岗房价率先调整，2008年房价跌幅也是名列前茅，跌价4～5成的楼盘比比皆是。2009年～2010年3月全市房价暴涨，不少楼盘价格翻倍，龙岗房价虽也上升，但涨幅多数都在5成以下。以供应最多的龙岗中心城为例，2008年售价7000～8000元/m^2的项目，目前售价多在10000～11000元/m^2之间，而其他区域这个价位的产品，如宝安龙华、宝安，2009年价格基本都上升至15000元/m^2以上。2010年二季度楼市受调控，龙岗房价下跌趋势也最明显，不少项目调价1～2成。2010年下半年龙岗新房潜在供应量不少，如调控政策能长时间严格执行，龙岗房价回落的风险较大。

第2章 房企应对调控 开源节流现金为王

2007、2008年的房地产调控，使得房地产成交量大幅萎缩，开发商的现金流因而受到严重影响。为回笼资金，开发商只能降价促销。与此同时，开发商亦开始注重现金流的稳定。正因如此，开源节流成为各家开发商在2009年和2010年的普遍的做法。

2.1 控制成本 减少营销支出

2.1.1 减少广告投放

受楼市低迷的影响，2008年深圳楼盘加大广告投放力度，以图提高销售业绩。根据中原统计，2008年全年投放频次高达2337次，同比增加83.01%。进入2009年，楼市回暖又加之存货较少，开发商广告投入均有所减少，2009年楼盘广告投放频次同比减少26.40%。

减少广告支出的行为，在2010年上半年表现得更为明显。如表2-1所示，2010年上半年深圳全市楼盘广告投放频次仅158次，不足2009年的1成，楼盘广告投放量锐减。以万科为例，2010年上半年在深圳有4个主要在售项目，其楼盘广告投放频次仅4次，平均一个楼盘6个月仅有一次报纸广告，可见公司对广告支出控制之严。

这主要是因为，在经历2009年的热销之后，开发商手中的存货均降至了历史新低，部分开发商已经出现无盘可卖；而另一方面，新政出台，开发商推盘变得较为谨慎，对后市的预期也并不明朗，因此广告投放的减少便在情理当中，同时又可以降低成本来应付可能到来的市场低迷期。

深圳市楼盘报纸广告投放情况列表（2007～2010年上半年） 表2-1

年 度	广告频次（次）	广告版幅（版）
2007年	1277	846
2008年	2337	1250
2009年	1720	1211
2010年上半年	158	140

数据来源：深圳中原市场研究部。

万科地产深圳楼盘报纸广告投放情况列表（2007～2010年上半年） 表2-2

年 度	广告频次（次）	广告版幅（版）
2007年	114	70
2008年	206	118
2009年	82	49
2010年上半年	4	3

数据来源：深圳中原市场研究部。

2.1.2 简化开盘活动

丰富多彩的文艺表演、影视明星现场助兴、客户抽奖，这些都是2008年之前深圳楼盘热衷的开盘方式。从2008年开始，楼盘的开盘活动开始趋于简单，文艺表演规模变小，客户抽奖变成成交客户抽奖，出现在深圳楼盘开盘现场的明星越来越少。2009年以来大型的开盘活动更少，让人印象较深的仅有“鹏达摩尔城”的开盘，邀请了TVB的一些明星光临现场。

不仅开盘的助兴活动越来越少，就连需要耗费较少人力成本和资金成本的集中开盘活动也是连年下降，自然发售逐渐成为常态。根据中原统计，2008年深圳共有188次推盘行为，其中自然发售的44次，占比只有约23%。2009年全市总共314次推盘，其中自然发售的有104次，占比升至33%，而2010年上半年全市推盘109次，其中60次是采用自然发售的方式推盘，占比高达55%。

2.1.3 冷对房产交易会

至2010年5月，深圳房地产交易会已经连续举办34届，因其可以给楼盘提供一个展示的大平台，庞大的客流量能促进楼盘的销售，一直以来都比较受深圳开发商重视。但是，2009年以来深圳开发商对房交会的关注度、支持度日渐萎缩，2010年4、5月份的春交会深圳市仅6个发展商参展，比2009年秋交会减少5成，参展项目不过11个，减少6成。与之前参展规模最小的2007年春交会相比，2010年春交会规模也为逊色。对于一些一线开发商而言，由于已经具有较高的知名度，而同时出于控制成本的考虑，万科、中海、招商、金地、华侨城、鸿荣源等品牌企业均缺席2010年的春交会。

图2-1　深圳市历次房地产交易会参展商及参展项目数量（2004年下半年～2010年上半年）

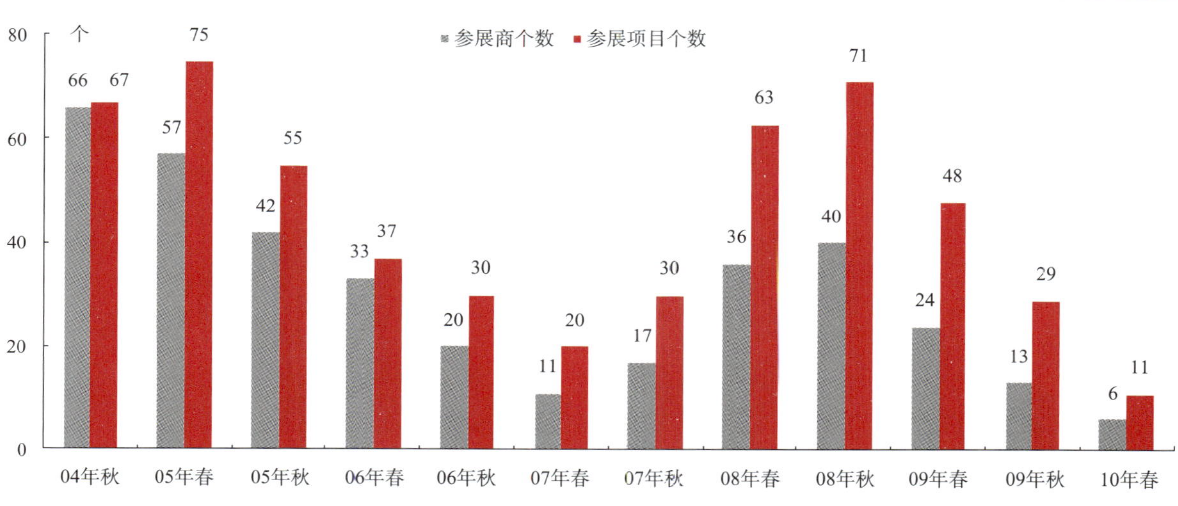

数据来源：深圳中原市场研究部。

2.2 现金为王　积极调整价格

经历另外2007年和2008年楼市的调整之后，开发商变得更为成熟，反应也更为迅速。2010年新政一出台，众多新推楼盘纷纷下调开盘价格，在售楼盘也开始降价促销，如表2-3、表2-4所示。由于及时采取有效措施，调价的项目都取得理想的销售成绩，不仅大幅消化库存，也回笼不少资金，这将减少项目未来继续降价的可能性、减少降价的幅度，为可能到来的“冬天”储备足够的“粮食”。

深圳市部分新开楼盘新政后定价调整情况 表2-3

项目名称	开盘前预期价格（元/m^2）	新政后实际开盘价格（元/m^2）
丽湾商务公寓	18000	15000
侨城馨苑	30000	24000
水榭春天	23000	20000
金域华府	30000	29000
天健时尚空间	25000	23000
花郡二期	20000	主推单位17000

数据来源：深圳中原市场研究部。

深圳市部分在售项目新政后降价情况 表2-4

项目名称	新政前开盘价格（元/m^2）	新政后调整价格（元/m^2）
熙龙湾	35000	30000
万科金域华府	29000	27000
水榭春天	20000	19000
龙岸	26000	21000
金地上塘道	20500	17000
万科里城	21000	20000
上品雅园	15000	12500
十二橡树庄园	18000	16000
万科清林径	13000	9500
万科沁园	14500	13000
阳光天健城	14000	11000
万象天成	9000	8600
振业峦山谷	7900	7500
茗萃园	8500	7900
金翠园	27000	24000
金山碧海	18000	15000

数据来源：深圳中原市场研究部。

第3章　土地供应偏紧　地王层出不穷

2009年楼市火爆，开发商回笼大量资金，以致其拿地热情高涨。偏逢深圳商品房用地供应减少，进一步促使深圳土地市场竞争激烈，地王频现。2010年上半年深圳土地供应量进一步萎缩，真正公开出让的仅一宗服务、旅馆业用地。土地供应锐减，不仅影响当前买卖双方的心态，也一定程度上阻碍了房地产调控的目标实现。

3.1 资金及政策支持　拿地热情高涨

2008年10月份开始受政府一系列刺激房地产政策的影响，房地产市场开始活跃，开发商存货快速消化，存货压力小，手上资金宽裕。如表3-1所示，深圳7大开发商2008年多个楼盘推售，总共可售住宅接近230万m^2，而经过半年的消化，截至2009年4月份7大开发商手上可售的住宅仅60万m^2，存货压力十分小。如万科，2009年4月底该公司绝大部分在售楼盘都是尾盘；金地，2009年4月底可售住宅仅4万余m^2；佳兆业，2008年在售住宅约43万m^2，到2009年4月底可售单位不足14万m^2。

楼盘的快速消化使得开发商回收了大量资金，具有较强的支付能力。然而2008年深圳很多开发商没有土地进帐，而当前可售项目已不多，开发商急需补充土地，以备后续开发。

深圳市标杆房企可售房源对照表（2008～2009年4月）　　表3-1

开发商	2008年在售项目列表		2009年4月底在售存量	
	项目名称	可售面积（万m^2）	项目名称	可售面积（万m^2）
万科地产	第五园	12.11	金域华府	0.08
	万科城	10.03	兰乔圣菲	0.33
	千林山居	5.00	千林山居	3.00
	东方尊峪	3.51	金域东郡	2.21
	天琴湾	——	第五园	0.90
	万科东海岸	3.77	万科东海岸	0.76
	兰乔圣菲	1.89	天琴湾	——
	万科金域东郡	3.68	——	——
中海地产	中海西岸华府	11.56	中海西岸华府	5.96
	中海阳光玫瑰园	1.41	中海阳光玫瑰园	0.00
	大山地	7.49	大山地	0.95
	中海康城花园	9.12	中海康城花园	1.76
	中海半山溪谷	2.44	——	2.44
金地地产	金地梅龙镇	18.00	金地梅龙镇	3.53
	金地名座	2.50	金地名座	0.66
招商地产	兰溪谷	8.80	兰溪谷	4.10
	海月华庭	6.56	海月华庭	0.25
	招商依山郡	5.51	招商依山郡	1.69
鸿荣源地产	公园大地花园	14.73	公园大地花园	5.55
	熙龙湾	14.80	熙龙湾	0.57
	禧园	13.48	禧园	0.47
佳兆业地产	水岸新都	10.45	水岸新都	4.07
	香瑞园	9.85	香瑞园	2.69
	茗萃园	15.15	茗萃园	6.96
	可园	7.52	——	——

续表

开发商	2008年在售项目列表		2009年4月底在售存量	
	项目名称	可售面积（万m^2）	项目名称	可售面积（万m^2）
深业地产	深业新岸线	15.70	深业新岸线	2.25
	深业东城上邸	7.90	深业东城上邸	4.72
	深业紫麟山	5.49	深业紫麟山	3.95

数据来源：深圳中原市场研究部。

另外，为应对金融危机带来的影响，刺激经济增长，政府出台一系列刺激政策，以充分发挥房地产作为支柱产业的巨大拉动作用，政策的扶持使得开发商对房地产前景十分看好。同时，2009年一季度天量货币投放，通货膨胀预期显现，这也促进开发商拿地的热情。

3.2 商住用地供应递减　成交热度不减

2009年深圳市出让的商住用地萎缩，全年共13宗商住用地挂牌出让，同比减少4宗，挂牌出让土地的建筑面积只有177.58万m^2，同比减少35.27%。2010年上半年土地供应进一步大幅萎缩，全市1宗商住用地出让，可建面积仅44.11万m^2，比2009年减少75.22%，同比也减少近5成。更让市场惶恐不安的是，这唯一的一宗商住用地还限制了其商品房的购买对象，也即实际上2009年上半年公开出让的商品住宅用地为零。

政策向好，开发商手握重金，土地供应少，自然造成土地成交火爆。2008年深圳多宗土地流标，2009年仅有2宗商住用地流标，且其中一宗面积很小，另外一宗为定向出让，2010年上半年出让的曾经两次流标的“多限房”也顺利成交。

从出让过程中激烈的争夺更可看出土地市场的火爆。如表3-2所示，除了两宗没有成交的土地和一宗定向出让成交的土地外，其他地块均经过多轮的竞拍，如2009年首拍的龙岗中心城地块，经过113轮的角逐才分出胜负，观澜和光明的地块远离市区，其容积率也不算低，但也经过76轮和95轮的争夺。

图3-1　深圳市历年商住用地供应与成交情况（2005～2010年上半年）

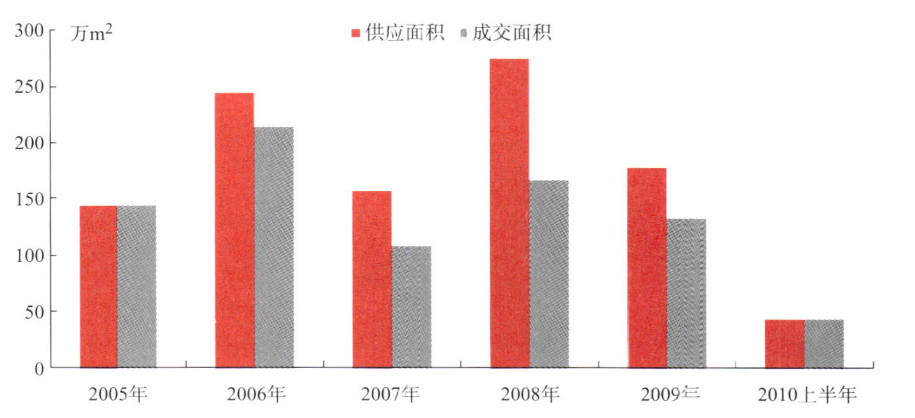

数据来源：深圳市规划和国土资源委员会、深圳中原市场研究部。

深圳市近年出让的商住用地拍卖竞价情况（2009～2010年上半年）　　表3-2

宗地号	区域	土地面积（m^2）	建筑面积（m^2）	叫价次数
G01020-0204	龙岗区中心城	38666.23	153890.00	113
G01020-0205	龙岗区中心城	39059.76	155459.00	113
A009-1285	宝安区新安	42034.00	180070.00	67
A009-1286	宝安区新安	33887.00	140930.00	67
A115-0131	宝安区西乡	81044.00	191110.00	1
B123-0001	福田区南园	5763.45	18500.00	30
A113-0005	宝安西乡	770.92	1850.2.00	0
A510-0131	宝安光明	37089.93	74180.00	76
A511-0025	宝安光明	53647.16	107290.00	76
A122-0332	宝安西乡	23400.50	28080.00	28
A909-0138	宝安观澜	66112.00	119000.00	95
A909-0137	宝安观澜	91197.7	164150.00	95
G14210-0182	龙岗坪山	200484.32	441065.00	0
G14210-0182	龙岗坪山	200484.32	441065.00	1

数据来源：深圳市规划和国土资源委员会、深圳中原市场研究部。

2010年上半年深圳出让的唯一一宗商住用地是定向出让，底价成交，无法反映土地市场的情况，但一宗服务、旅游业用地的出让从侧面印证了土地市场依然炽热。G17301-1576、1577、1578三宗地捆绑出让，土地性质为服务业、旅馆业用地，总占地6.65万m^2，总可建面积3.62万m^2。该地块在2010年3月2日出让，竟然吸引了万科、佳兆业、鸿荣源等10多家企业参加，经过115轮的竞价，创深圳土地拍卖史上竞价次数新高。

3.3 地价创历史新高　高溢价率层出

住房成交火爆，土地市场僧多粥少，必然导致土地价格走高。2009年成交的12宗商住土地中（其中一宗商办用地捆绑出让），除定向出让的地块之外，其余均溢价成交。12宗土地总出让底价53.94亿元，最终成交总价79.27亿元，整体溢价达46.96%，而2008年土地基本都是底价成交。

2009年深圳土地市场出现多宗地王，宝安新安捆绑出让的2宗商住用地和1宗商办用地成交总价26.10亿元，成为深圳市有史以来的成交总价地王。宝安光明两宗捆绑出让的商住用地溢价110.53%成交，成为近年来的溢价地王。宝安尖岗山地块成交楼面地价18874.64元/m^2，成为深圳有史以来的单价地王。2009年4月份出让的龙岗中心城地块共竞价113次，也是深圳历年土地出让中竞价次数最多的地王。另外，福田地快、宝安光明地块和宝安观澜地块也都是各自片区的地王。

2010年上半年出让的商住用地因是“多限房”，成交价格不高，不过成功出让的服务业、旅游业用地楼面地价高达17181元/m^2，创深圳非住宅类用地楼面地价新高，溢价率高达871.12%，也是创深圳土地拍卖史上溢价率新高。

地块普遍溢价成交，2009年深圳市商住用地成交楼面地价也创历史新高，达5591元/m^2，创历史新高，同比上涨166.24%，也比2007年上涨49.17%。2010年上半年因只有定向出让用地底价成交，导致土地成交价格大幅下滑。

深圳市近年成交的商住用地价格情况（2009～2010年上半年） 表3-3

宗地号	区域	底价（万元）	成交价（万元）	溢价率	楼面地价（元/m²）	备注
G01020-0204	龙岗中心城	53000	80000.00	50.90%	2586.08	深圳竞价次数地王
G01020-0205						
A009-1285	宝安新安	180000	261000.00	45.00%	6428.57	深圳总价地王、新安单价地王
A009-1286						
A009-1289						
A115-0131	宝安西乡	26308	26308.50	0.00%	1376.62	定向出让
B123-0001	福田南园	5060	8360.00	65.22%	15550.60	福田单价地王
A510-0131	宝安光明	57000	120000.00	110.53%	6312.66	深圳溢价地王、光明单价地王
A511-0025						
A122-0332	宝安西乡	38000	53000.00	39.47%	18374.64	深圳单价地王
A909-0138	宝安观澜	180000	244000.00	35.56%	8517.34	观澜单价地王
A909-0137						

数据来源：深圳市规划和国土资源委员会、深圳中原市场研究部。

图3-2 深圳市历年商住用地成交楼面地价（2005～2010年上半年）

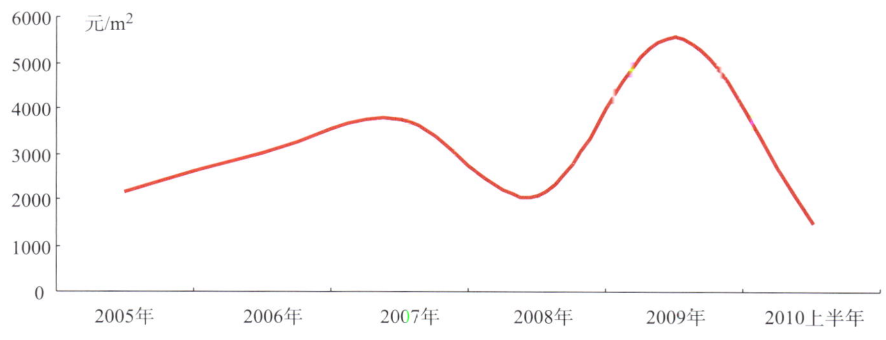

数据来源：深圳市规划和国土资源委员会、深圳中原市场研究部。

第4章　楼市过热遭调控　08年惨状难以重现

在2008年底一系列救市政策的刺激下，2009年深圳商品住宅市场十分火爆，新房成交约650万m^2，同比增加近6成。供应量减少限制了新房成交量进一步放大，反而推高了二手房的成交量，其2009年成交量高达1375.29万m^2，同比增加211.01%。

深圳房价在2009年也是从低点大幅拉升，新房价格普遍反弹4、5成以上，一些价格上升超过1倍，如“万科金域华府”2009年初均价11000元/m^2，年底均价24000元/m^2，2010年4月份更是接近30000元/m^2，比2009年初上涨近2倍。二手房价格同样飙升，个盘价格普遍上涨3、4成以上，多者有7、8成，如香蜜湖豪宅“水榭花都”，2009年2月价格32000元/m^2左右，2010年4月升至64000元/m^2，上涨1倍。CLI深圳二手住宅价格指数从2009年2月份的197.9点，一路上升至2009年11月的312.6点，涨幅57.96%，2010年3月份更是上升至328.0点，涨幅65.74%。

4.1 需求被抑制　新房价格冲高回落

深圳新房供应量小，而人口多，供需矛盾尖锐。另外，因盘子小，加上二手房市场交易程序简便，使得房产投资、投机氛围较为浓重。2007年的高房价以及2008年的房价暴跌，深圳很多购房需求被压制。2008年底这些刚性自住需求开始释放，住宅成交量放大。2009年3月份开始投资客开始汹涌入市，2009年下半年至2010年新政出台前，深圳楼盘投资客比例超过5成的比比皆是。自住需求和投资需求，合力促使2009年深圳楼市量价均创新高。2010年4月份国务院出台楼市调控政策，炒房资金被截断，投资客大量流出市场，5、6月份楼盘投资客比例基本都在10%以下，另外，高房价也压制住一些自住需求，深圳楼市旋即陷入低迷，房价也开始出现回落。

4.1.1 供应持续减少　南山和关外仍是供应主力

2004年以来深圳新房供应量持续减少，2009年全年新增供应468.80万m^2，同比减少15.16%。2010年上半年新增供应进一步萎缩，仅推出住宅178.88万m^2，不足2009年全年的4成，同比再减少16.36%。供应总量小，且连年下滑，为深圳房价暴涨埋下隐患。

图4-1　深圳市历年一手住宅供应情况（2002～2010年上半年）

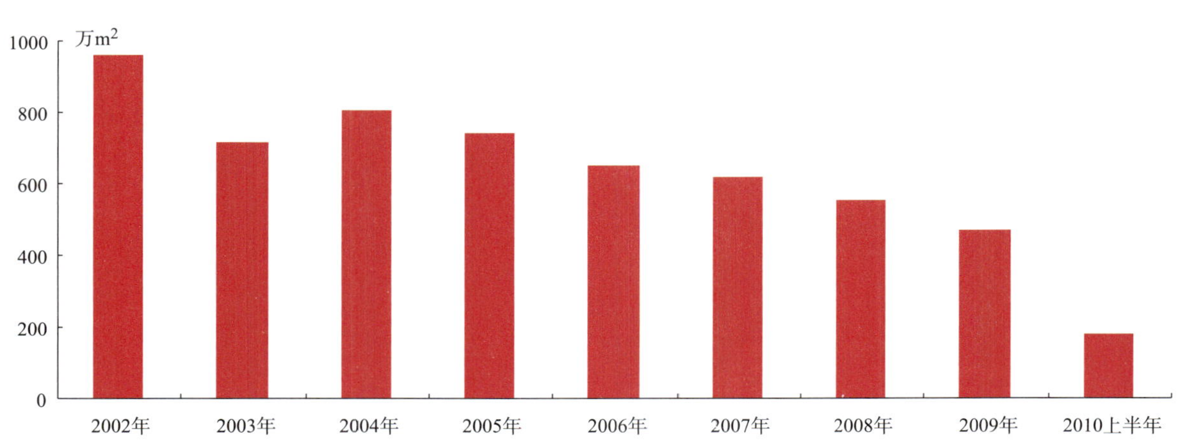

注：供应量以正式推售为统计依据。
数据来源：深圳中原市场研究部。

新增供应区域分布不均，市区内的一手房供应这几年都很少，供应最多的南山2007～2009年每年的供应量只有100万m^2上下，2010年上半年进一步下滑至36.49万m^2，同比减少35.53%。罗湖、福田、盐田的供应都在40万m^2以下，2010年上半年三区总供应量甚至不足20万m^2。

宝安和龙岗近年供应多，不过2009年供应都有所减少，其中宝安同比减少超过4成。2010年上半年宝安新增供应同比有所增加，但龙岗则减少超过3成。

图4-2　深圳市各行政区一手住宅供应情况（2007～2010年上半年）

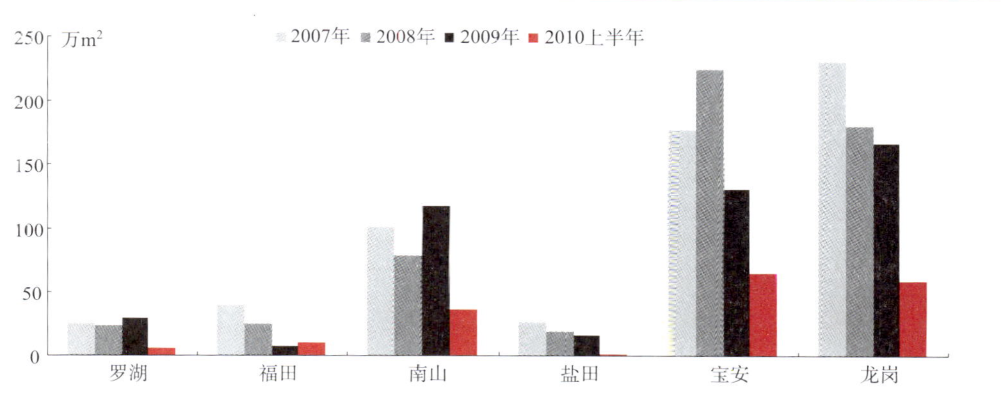

注：供应量以正式推售为统计依据。
数据来源：深圳中原市场研究部。

4.1.2 成交量先增后减　新房存量仍处低位

在2008年底救市政策的刺激下，深圳住宅市场火暴，2009年新房成交约650万m^2，同比增加近6成。新增供应减少制约了新房成交量进一步放大，如从供求比看，2009年深圳新房供求比仅0.72：1，创多年来新低。2010年上半年深圳仅成交新房127.34万m^2，这一方面因为新增供应少、2009年存量少，另一方面因为4月份国务院出台新的楼市调控政策，楼市成交量随即萎缩。

图4-3　深圳市历年一手住宅成交情况（2001～2010年上半年）

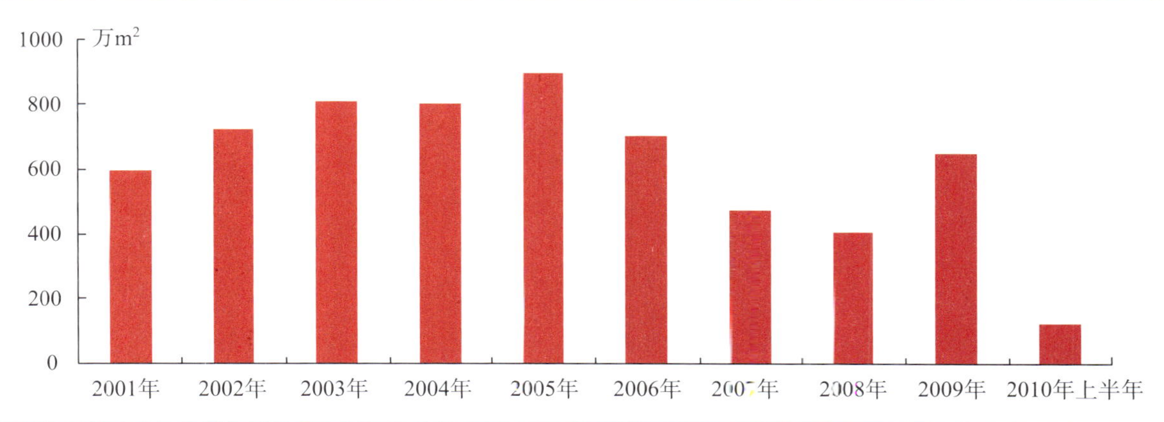

数据来源：深圳市规划和国土资源委员会、深圳中原市场研究部。

从各月的成交看，2008年11月份至2009年上半年新房成交量都维持在高水平，2009年7、8月份因银行房贷有所收紧，成交量回落。之后信贷再次宽松，成交量回升，不过由于住宅可售量少，2009年4季度成交量持续回落。2010年3月份及4月上半月市场疯狂，但同样受制于可售量低，深圳新房成交量不高。5、6月份受到调控政策影响，成交量萎缩，其中5月份仅成交11.89万m^2，创2008年以来非春节月份成交量新低。

图4-4　深圳市各月一手住宅成交情况（2008年1月～2010年6月）

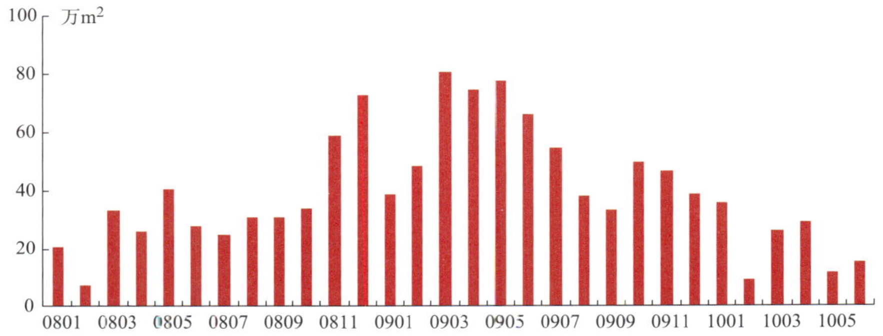

数据来源：深圳市规划和国土资源委员会、深圳中原市场研究部。

因供应多寡的关系，全市新房成交量大的仍是宝安、龙岗两区，其次是南山区，其他区新增供应少，成交量低。宝安、龙岗、南山区2009年住宅成交量均有明显升幅，其中南山增加最多，达123.65%，这与2009年南山新增供应增加有所关系。从楼盘的消化情况看，宝安、龙岗楼盘的消化速度不逊于南山，2009年南山新盘整体销售率85.22%，宝安和龙岗分别为87.45%和82.47%。

2010年上半年全市六区住宅成交量均减少，主要受新增供应少以及楼市新政的影响。与2009年比，罗湖成交量减少超过9成，该区2010年上半年新增供应少，且其中供应量大的楼盘成交差，其他区成交量均减少8成左右。从供求比来看，除盐田外，2010年上半年各区供求比都大于1，宝安区更是达到1.81∶1，各区住房存量在2010年上半年均有增加。

图4-5　深圳市各行政区一手住宅成交情况（2007～2010年上半年）

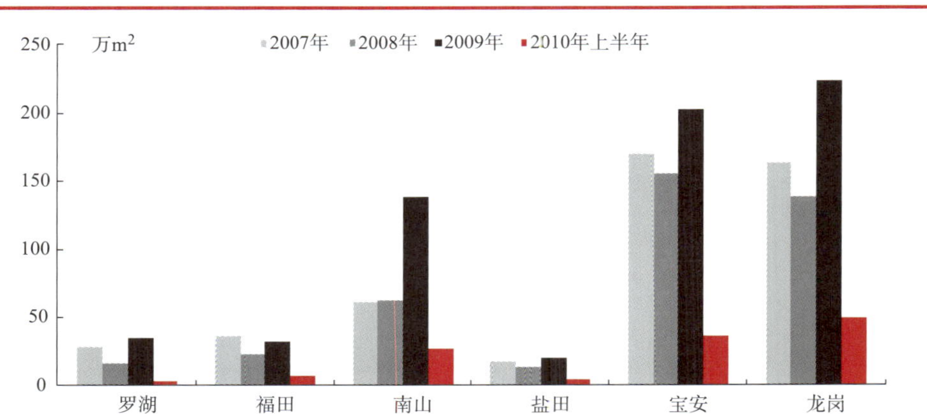

注：销售量以签订预售合同为准。
数据来源：深圳市规划和国土资源委员会、深圳中原市场研究部。

截至2010年6月底，深圳新房存量约164万m^2，比2009年12月底的存量增加了约42万m^2。虽然存量增加34.43%，但目前深圳的住房存量并不算高，不到上半年月均成交量的8倍，低于2010年上半年新增供应，不到2009年新增供应的4成，与2008年下半年的存量比，减少超过5成。

从区域来看，存量主要分布在南山、宝安和龙岗，三区总存量约136万m^2，罗湖、福田和南山可售房源不多。

图4–6　深圳市一手住宅存量走势图（2008年1月～2010年6月）

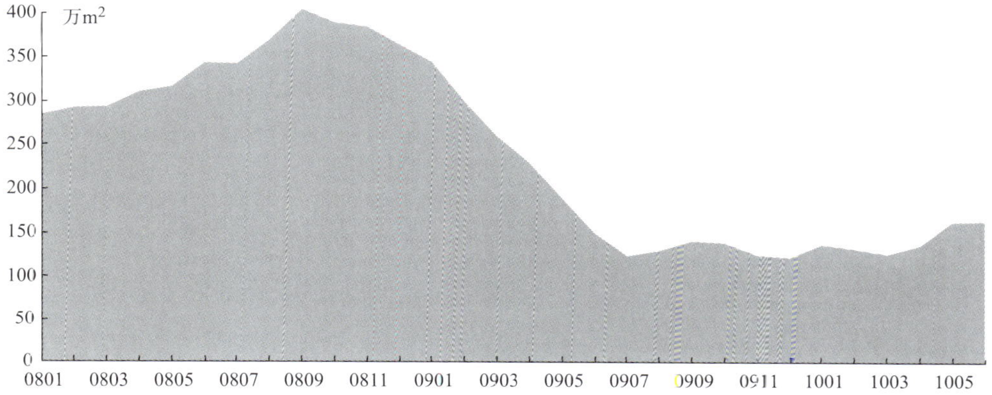

数据来源：深圳市规划和国土资源委员会、深圳中原市场研究部。

4.1.3 品牌房企带头　房价冲高回落

2009年深圳新房成交均价15143元/m^2，同比上涨18.36%。与2005–2007年相比，2009年房价涨幅不算高，这主要是因为2008年房价从高处下跌，全年均价下跌幅度不大，而2009年房价低点上升，全年均价被拉低。如是年底价格与年初价格相比，深圳楼盘价格上涨幅度普遍在4、5成以上，一些甚至翻倍，典型如南山的“鼎太风华”、宝安的“万科金域华府”、“中信湾上六座”、“阳光海湾花园”、龙岗的“第五园”等。很多片区的房价在2009年也都创片区新高，如南山的华侨城、红树湾、后海、前海片区、宝安中心区、西乡、龙华、观澜、福永片区、龙岗坂田、布吉片区。

2010年上半年全市住宅成交均价21039元/m^2，同比上涨70.49%，比2009年也上涨38.94%。新政出台前楼盘价格仍频创新高，新政后房价有所回落，但幅度普遍高，房价仍处高位。

图4–7　深圳市历年一手住宅成交均价走势图（2003～2010年上半年）

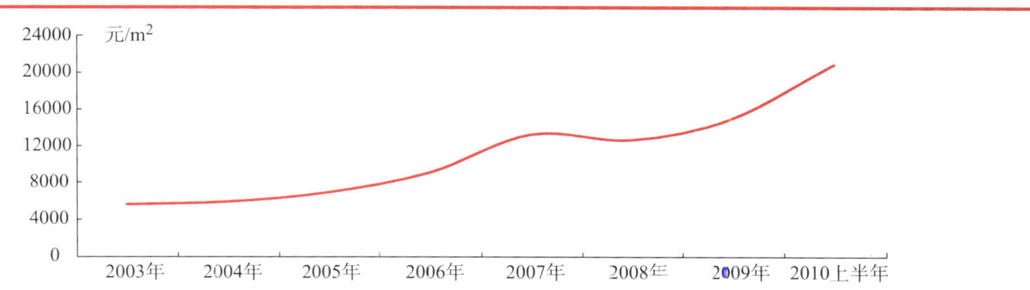

注：年度销售均价以备案数据为准。
数据来源：深圳市规划和国土资源委员会、深圳中原市场研究部。

从各月看，2009年2月份房价跌至2007年调整以来新低，2009年3月份开始上涨。从2009年3月到9月，深圳房价连续7个月上涨，全市均价从2月份的10988元/m^2，上涨到9月份的20941元/m^2，涨幅高达90.58%。2009年10、11月售成交结构的影响，房价小幅回落，期间个盘的价格仍是稳中有升。2009年12月份均价达22079元/m^2，创深圳历史新高，与2月份低点比，涨幅高达100.94%。2010年2月份受到春节的影响，成交量很低，一些高价楼盘成交拉升全市均价，使得当月均价高达24195元/m^2，再创历史新高。3月份成交量回升，个盘影响减弱，全市均价大幅下滑。不过从个盘看，3月份楼盘价格持续上涨，一些项目价格比1、2月份上涨达3000元/m^2。4月份新政出台前楼市仍是量价齐升，新政后成交大幅萎缩，但价格未有明显变化，本月均价仍小幅上涨。5、6月陆续有楼盘降价或以较低价格入市，如"佳兆业金翠园"、"上品雅园"、"万科清林径"、"万科金色沁园"、"金山碧海"、"招商澜园"等，加上低价单位成交活跃而高价单位成交少，均价大幅下跌。

2008年以来深圳楼市动荡，其中品牌开发商起着"带头大哥"的作用。2008年2、3月份金地、万科高调大幅降价，随后其他楼盘纷纷跟进。2009年也是万科率先吹响涨价的号角，"万科金域华府"一期2009年1～3月4次开盘，价格从11000元/m^{2}上涨至13000元/m^2，而第一批产品位置最好，最后一批产品位置最差。"万科金域华府"的示范作用，带动其他楼盘价格跟风上涨。2010年5月份佳兆业高调对其深圳三个在售项目调低价格，其后促销的项目陆续增加，6月份万科跟进，其位于龙岗中心城的2个项目降价出售。

图4-8　深圳市一手住宅成交均价月度走势图（2007年1月～2010年6月）

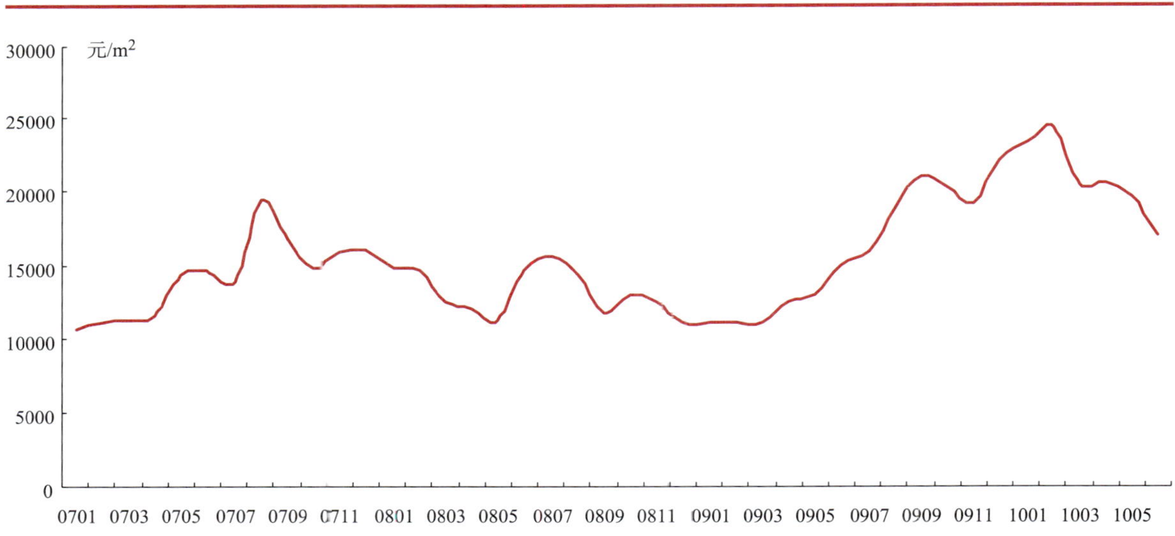

注：月度销售均价以签订预售合同为准。

数据来源：深圳市规划和国土资源委员会、深圳中原市场研究部。

从各行政区来看，除成交量很小的盐田外，2009年各区均价均上涨，其中罗湖、福田和宝安涨幅都超过20%，另外，罗湖、福田、南山和盐田2009年住宅成交均价都在20000元/m^{2}以上，而2008年均盐田均价超过20000元/m^2。2010年二季度房价虽有调整，但上半年各区住宅成交均价仍处高位，全市5个区均价在20000元/m^{2}以上，成交量大的南山、宝安和龙岗区均价均创历史新高，与2009年均价比，涨幅分别达到47.58%、43.27%和38.10%。

深圳市各行政区一手住宅成交均价（2008～2010年上半年）　　表4-1

区域	2008年		2009年		2010年上半年	
	均价（元/m^2）	同比涨跌（%）	均价（元/m^2）	同比涨跌（%）	均价（元/m^2）	同比涨跌（%）
罗湖	18745	10.62%	22751	23.16	22604	50.56
福田	18691	1.35%	23671	26.39	28175	29.99
南山	17500	−2.84%	20165	17.11	29760	88.89
盐田	25786	81.81%	25487	−1.22	46940	130.21
宝安	11651	−4.60%	14116	22.14	20224	72.70
龙岗	9112	−13.03%	9732	7.43	13440	57.06

注：年度销售均价以备案数据为准。

数据来源：深圳市规划和国土资源委员会、深圳中原市场研究部。

4.1.4 潜在需求充足　市场长期向好

尽管新政后深圳整体住宅市场低迷，但我们看到不少开发商积极、及时调整价格，而且价格调整后销售情况都不错，如5月份开盘的“上品雅园”开盘销售9成，“水榭春天”开盘销售近6成，6月份开盘的“万科清林径”开盘售罄，“万科里程开盘”售9成。开发商的积极促销有效的提升了市场人气，部分区域6月份楼市已逐渐活跃，看房客明显增加，二手房市场回暖更加明显，6月中旬开始访客量增加，而业主放盘量走低，6月底二手房供求比低于0.7：1，显示很多购房者仍在积极关注楼市，而业主挂牌出售的意愿减弱，双方的博弈随时可能变成需求释放。

开发商积极促销以及购房者入市意愿较高，预计下半年深圳住宅成交量将会反弹。成交量反弹，开发商资金压力缓解，其降价的压力也会减少，这对房价企稳将会有不小的帮助。另外，预计2010年下半年新房供应在220万m^2左右，比上半年增加近4成，但目前深圳新房存量只有164万m^2，比2007年底少了4成多。因此2010年下半年全市总可售量并不会很高，存量对于房价的压力将会较为有限。

4.2 新政催冷楼市　二手市场跌宕起伏

4.2.1 成交萎缩　价格下跌

在2009年至2010上半年里，深圳三级市场经历了一系列重要的变化和波折，成交量可以说是跌宕起伏，而成交价格也是在一路震荡中上扬。市场在经历了2009年的一路高歌之后，在农历新春的间歇中陷入低谷，而在新年之后3、4月份迅速反弹，并将量价冲至历史的最高点。到2010年4月中旬，政府决策层终于挥出了史上最重的一轮组合拳。而楼市在经历里2007年调控之中吸取了足够的教训，在这波政策打压下，价格急转之下，成交量迅速萎缩，在经过2个多月的价格调整下，成交量在6月份有所上升。总体而言，整个一年半期间房地产市场经历了一轮“过山车”的行情。

4.2.2 自住置业者为主　中小户型成交占比增加

深圳市近两年来二手住宅的居住面积需求主要集中在60～144m^2这一主流区间内，而且从成交面积的区间划分来看，90m^2物业的成交占比总量在2010上半年增加了2.95个百分点，其中以60～90m^2物业为主，占比42.80%，比2009年增加2.87个百分点。而90m^2以上的物业成交占比在2010年上半年相应有所回落，这主要体现为新政对楼市的影响，成交结构主要集中在中小户型为主，市场则以刚性需求为主导。

图4-9　深圳市二手住宅量价走势图（2009年1月～2010年6月）

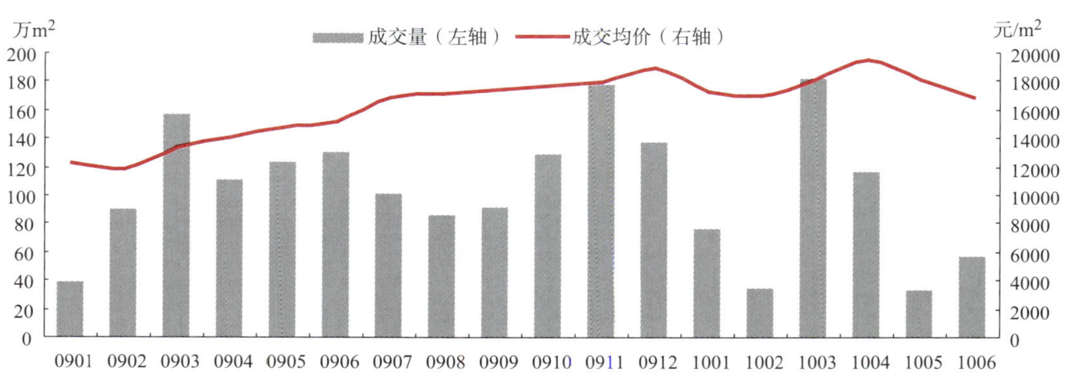

注：成交量为按照中原实际成交与市场占有率得出的估算值。
数据来源：深圳中原市场研究部。

图4-10　深圳市二手住宅成交面积区间情况（2009～2010年上半年）

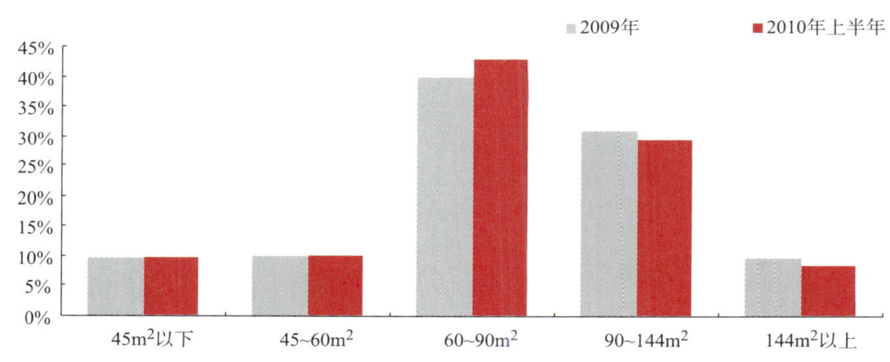

数据来源：深圳中原市场研究部。

图4-11　深圳市二手住宅成交户型情况（2009～2010年上半年）

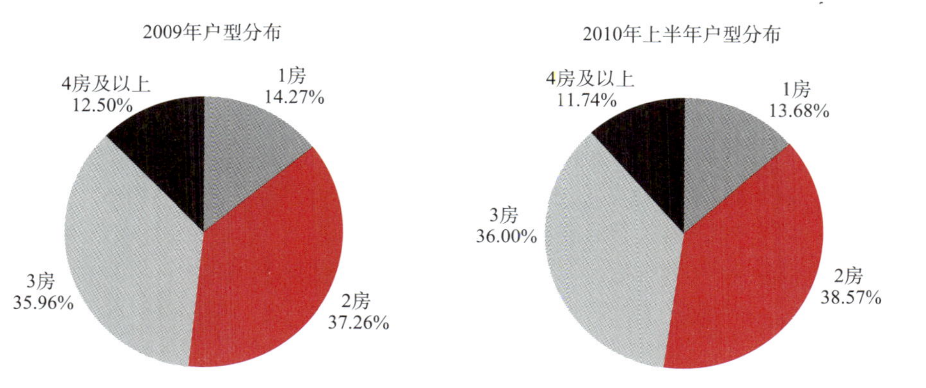

数据来源：深圳中原市场研究部。

户型方面，2009年和2010年上半年的市况没有出现明显的变化，仍以二房和三方为主，2010年上半年的占比总量略微增加2.35个百分点，客户对户型的需求结构表现较稳定，这也跟上述成交面积的分布想对应，市场以刚性需求置业者为主导。

4.2.3 各区成交特点不一 量价表现各异

在经历了2009年大势回暖、农历新年、4.15新政等波折，深圳楼市的六大区也表现出了不同的特点，其中，罗湖区的二手房市场发展已经很成熟，因此，无论在成交量还是价格上，变动的幅度相对其他几个区都较小；福田区凭借其优越的地理位置，在2009年反弹领先，成交量一直位居首位，但也随着2010年的波折地位有所下降；南山区的发展规划的利好吸引了大批的购房者涌入，成交量和价格一直居于六区前列；盐田区受地域因素影响，市场容量较小，易受成交结构影响，特别是新政对豪宅投资的打击，对整个片区的影响较大；宝安区和龙岗区一直表现较平稳，由于价格一直处于低洼区，吸引了大批自住需求客，尤其是龙岗区随着轨道交通的发展和大运会的预热，在2010上半年成交量迅速攀升超越福田区位居六区榜首。

深圳市各区二手房成交特点（2009～2010年上半年） 表4-2

区域	成交量	成交价格	成交特点	活跃片区
罗湖区	市场成熟度高，成交量	成交均价位于六区中等水平，价格走势平缓稳健	小户型占比超出六成，成交结构稳定	百仕达片区、莲塘片区
福田区	市场成交量平稳，2010年比例下降	价格经历回升后，高位反复震荡	新政后小户型成交增加，自住需求集中释放	中心片区、香蜜湖片区
南山区	快速攀升，成交量居中	整体趋势类似福田区，高位反复震荡	新政后高端住宅受抑制，比例趋小	华侨城片区、前海片区、蛇口片区
盐田区	市场容量较小，成交量长期趋稳	均价走势开始上扬，遇新政回落	新政后豪宅成交锐减，对片区影响大	大小梅沙片区、沙头角片区
宝安区	表现平稳，成交量居中	价格整体表现较为平稳，长期上扬涨价幅度稳健	新政后价格吸引自住需求，小户型增加	龙华片区、宝安中心区
龙岗区	大运利好，成交放量居首位，反弹强劲	均价水平位于全市之末，且价格起伏最为平缓	自住比例较高，成交结构向高端户型发展	龙岗中心片区、龙坂片区

资料来源：深圳中原市场研究部。

4.2.4 市场需求持续旺盛 楼市易受政策影响

从2009至2010上半年市场波动及其成因来看，深圳市三级市场此轮调整周期较短，且受宏观经济面和相关政策的影响较大。各区的市场由于发展成熟度不一而在成交量价上呈现出鲜明的地域特点，随着轨道交通的发展，关外宝安和龙岗区因价格优势在新政之后发展势头迅猛，自住客户的价格敏感度高，而业主的市场反应也较快，在经历过2007年市场泡沫破灭的历史教训后，买卖双方都对后市风险都保持理性。

楼市的走势与宏观调控政策的变化息息相关，市场惯性和“金九银十”带来的一系列热点，将使得访客量持续增加，放盘量也将积极跟进，步入供求双旺局面，随着城市化进程加速、深港两地合作发展进一步深化，市场需求持续旺盛，然而后市政府宏观调控依然没有放松的可能，信贷按揭政策依旧收紧，房产税政策舆论仍未减退，未来楼市走向敏感，易受宏观政策的后市调控影响。

第5章　楼市炙热　写字楼供需创新高

5.1 供需两旺　售价飙升

2009年，在宽松的货币政策、房地产政策，以及“粤十五条”出台等影响下，写字楼市场完全走出低谷，供需均刷新历史纪录，售价同样出现新高。2009年，全市写字楼供应量面积为99.68万m²，同比增长67.25%，刷新2004年的历史纪录；成交面积为44.25万m²，同比增长115.01%，比2006年历史最高纪录38.70万m²高出14.34%。与此同时，写字楼成交价格也大幅上涨，全市均价为24054.82元/m²，比2008年上升26.90%，同样刷新历史纪录，比2007年高出2.21%。

2010年上半年，“新国十条”出台，号称史上最严的调控令住宅市场成交量应声而落，但由于不受新政的影响、回报率稳定且较高，商业地产的优势完全体现出来，不单原有投资者加速入市，而且一批新客户从住宅市场转战过来，令写字楼市场受新政影响较小，供求保持较热状态。2010年上半年，深圳办公楼市场共提供新增供应约31.31万m²，比2009年上半年减少21.32%；总成交面积约20.21万m²，同比减少2.74%；成交均价约为26391.34元/m²，同比增长7.09%。

5.2 新兴片区崛起　物业类型多元化

5.2.1 以福田为中心　向两端发展

图5-1　深圳市写字楼供应区域分布（2009～2010年上半年）

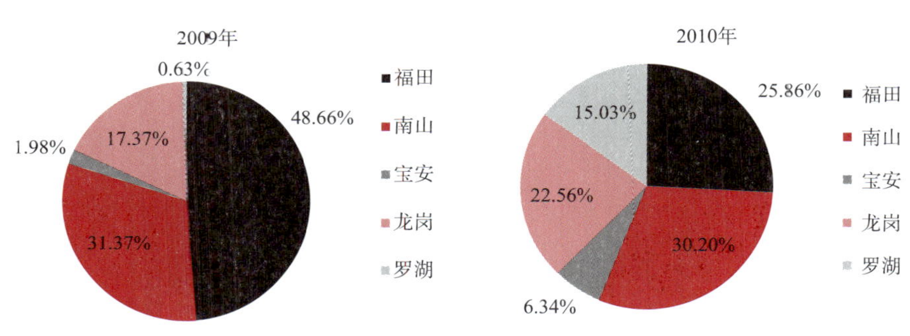

数据来源：深圳中原市场研究部。

2009年，深圳共有21个写字楼项目入市，共提供99.68万m²的办公面积。其中福田继续是供应最多的行政区，共8个项目，面积更是占全市的半壁江山，达48.66%，但比重继续呈现回落之势。在“前海中心区”规划与建设的影响下，南山写字楼发展继续不断壮大，2009年供应6个项目，供应面积占全市的31.37%；相比之下，写字楼的新兴区域龙岗则是一个亮点，2009年共有5个项目面市，供应面积占全市的17.37%；宝安、罗湖则相对较少，各供应一个项目，占比分别为1.98%、0.63%。

2010年上半年，深圳写字楼供应市场继续延续这种趋势，共有8个项目入市，办公供应面积为31.31万m²。福田、南山依然是供应量最大的区域，面积占比分别为25.86%、30.20%，作为核心商务区，它们继续是写字楼发展的集约地；而发展最快的区域为龙岗区，其面积占比达22.56%，特区一体化令关外写字楼市场得到长足的发展。

图5-2　深圳市写字楼供应片区分布（2009～2010年上半年）

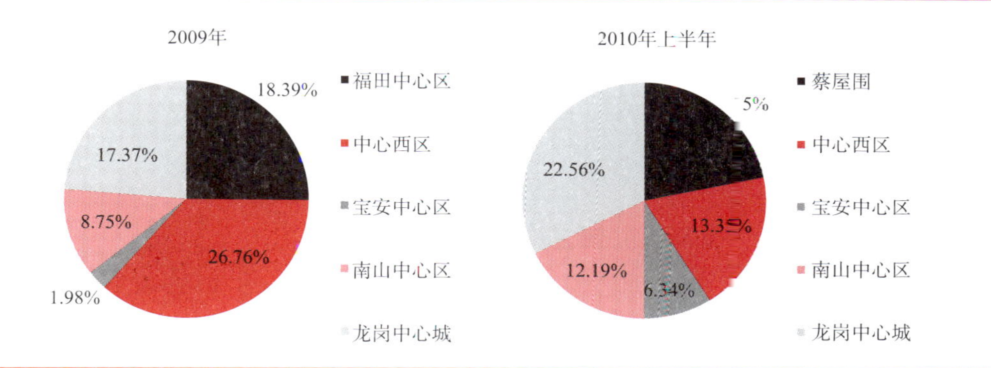

数据来源：深圳中原市场研究部。

图5-3　深圳市主要新增供应甲级写字楼分布示意图

资料来源：深圳中原市场研究部。

5.2.2 新兴片区逐渐成型

写字楼有集约发展的特性，区域的规划具有决定性作用。2009年，写字楼供应最密集的依然是福田中心区及中心西区，两者供应占全市的45.14%，但随着城市规划的实施，多个新兴商务片区逐渐成型。城市发展西移令南山、宝安写字楼得到发展最佳良机，2009年表现较为突出的是南山的科技园、南山中心区两个片区，它们供应量分别占全市的18.56%、8.75%。东部的龙岗中心城是2009年供应的最大亮点之一，共有5个项目面世，供应面积占全市的17.37%。2010年上半年，写字楼供应量依然主要聚集在这几大片区，特区一体化、城市发展西移、前海中心区规划等在未来几年内都是深圳写字楼发展的主要影响因素。这几大片区的总供应面积占全市的54.44%，虽然同比有所下降，但依然是最主要的供应区域。另外，2010年上半年最亮丽的片区是龙岗中心城及蔡屋围，它们面积分别占全市的22.56%、15.09%，它们是新兴片区、旧区改造的典型代表。

5.2.3 租赁型物业逐步增多

图5-4　深圳写字楼供应类型分布（2009～2010年上半年）

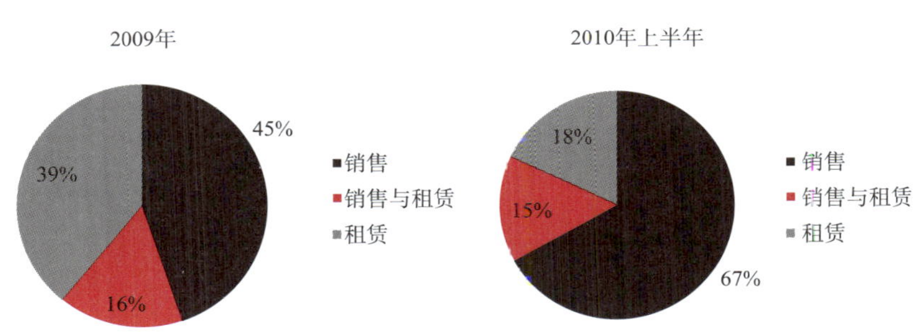

数据来源：深圳中原市场研究部。

随着“总部经济”的深入发展，纯租赁或销售带租赁的比例迅速上升，2009年纯销售型的比例仅为44.74%，为历年来最低；而纯租赁的比例已经高达39.00%；另外销售带租赁的比例也大幅上升，达16.26%。除了科技园等工业园区的物业普遍为自持外，商务成熟区域与新兴区域的自持物业也越来越多，如中心区，以后发展的物业基本以自持为主；而中心西区的东海国际中心（一期）、南山中心区的天利中央广场二期等物业也以销售带租赁，开发商普遍看好写字楼未来的发展空间；新兴区域同样如此，龙岗中心城的正中时代大厦、正中时代广场均为纯租赁项目。

2010年上半年，由于缺乏大型、高档物业上市，令这一趋势略微停顿，销售型物业占比暂时回升，达66.96%，纯租赁物业比例下降至18.01%。但随着楼市政策不断出台、市场对写字楼预期继续看涨，纯租赁的比例将不断上升，如卓越世纪中心1、2号楼，以及京基金融中心、深圳证券交易所等，未来高档物业以纯租赁为主。

图5-5　深圳市写字楼物业供应类型分布（2009～2010年上半年）

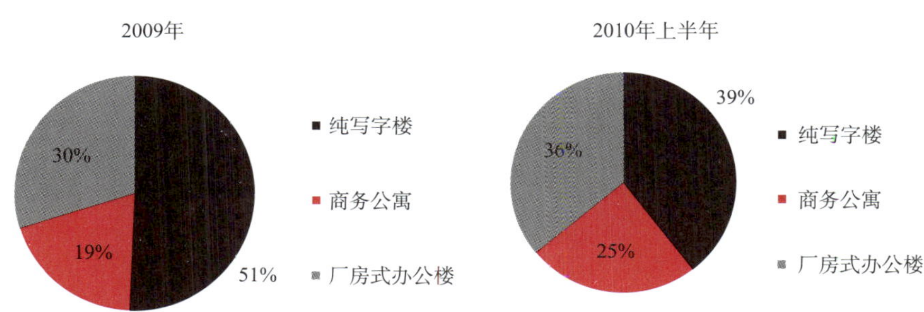

数据来源：深圳中原市场研究部。

5.2.4 产业升级带来物业多样性发展

新兴区域的崛起，也让写字楼供应物业类型呈现多样性。2009年写字楼供应量中，纯写字楼面积占比超过一半，达50.64%，比2008年略高；而在中心西区、科技园等片区产业升级的影响下，厂房式办公楼比例较高，为29.80%；公寓类物业则相对较少，面积占比为19.56%。2010年上半年，随着楼市政策不断出台，写字楼市场"惜售"情绪在增加，特别是高档物业，纷纷延迟上市，令纯写字楼占比较大幅度下滑，仅为39.38%；而在城市一体化发展加快的影响下，厂房式办公楼继续成为市场关注的焦点，2010年上半年，其供应占比高达35.91%，是最突出的供应特征之一。

5.3 经济回暖　写字楼需求大幅提升

5.3.1 大宗交易频繁　月度波动明显

自2007年7月楼市调整以来，市场以观望为主，成交非常清淡，这种情况维持至2008年第三季度，自2008年第四季度开始，在政府"救市"措施不断、写字楼存量大、新增供应接踵而来等推动下，成交量回暖，2009年更是全年表现突出。2009年，写字楼成交套数共为3310套，比2008年增长142.14%，除第四季度同比下降外，其余三个季度均同比大幅上涨。1～3季度，成交套数同比分别大涨271.88%、216.38%、406.99%，而第四季度则同比下降19.58%。

2009年，各月成交量波动明显，市场受到整体转让、新增供应的影响较大。4月前，市场虽然回暖，但相比住宅市场，由于政策没有惠及，写字楼反弹速度较慢。5～9月，是2009年写字楼市场成交最为活跃的阶段，其中6月更是创下历史月度最高成交量7.31万m^2。这段时间，一方面受到住宅连续量价飙升、经济持续回暖的影响，市场投资与自用均开始活跃；另一方面，整栋转让、核心商务区持续放量，不断推高成交量，如5月沉寂了两年的中心区终于有新盘"卓越世纪中心"上市、6月宝安中心区的"国际西岸商务大厦"整体转让、8月中心区"卓越时代广场"二期整体转让等，这些都是2009年写字楼发展的标志性事件。第四季度各月写字楼成交量相对平稳，虽然有"限外令"取消等利好因素，但由于开盘量不足，令成交量相对较小，维持在每月2.5万m^2上下的水平。

2010年上半年，写字楼延续2009年良好发展势头，"新国十条"出台令住宅市场成交量应声而落。但写字楼市场由于不受新政的影响、回报率稳定且较高，不单原有投资者加速入市，而且一批新客户从住宅市场转战过来，令写字楼市场成交依然较为活跃。上半年共成交写字楼1585套，比2009年同期减少15.24%；成交面积20.21万m^2，比2009年同期下降2.74%，这一下降比例远低于住宅市场。

深圳市写字楼买卖成交情况（2009～2010年上半年）　表5-1

	1季度	2季度	3季度	4季度	全年
成交宗数（宗）					
2009年	595	1275	943	497	3310
2010年	913	672			
同比（%）	53.45%	-47.29%	—	—	—
成交面积（万m^2）					
2009年	6.15	14.63	15.79	7.68	44.25
2010年	8.78	11.43			
同比（%）	42.76%	-21.87%	—	—	—
成交价格（元/m^2）					
2009年	18100	23954	23962	29199	24055
2010年	27158	25789	—	—	—
同比（%）	50.04%	7.66%	—	—	—

数据来源：深圳中原市场研究部。

5.3.2 需求刺激　写字楼售价创新高

写字楼售价除了市场因素下，结构性波动是个主要因素，一方面是区域结构性波动，写字楼区域价格差别大，是全市均价波动的最大原因；另一方面，成交类型也将导致价格波动，写字楼包括纯写字楼、商务公寓、厂房式办公楼等，全市成交价格将受到它们成交多寡的影响而发生波动。

从季度走势来看，2009年价格走势呈现斜线上升，四个季度的均价分别为18100元/m^2、23954元/m^2、23962元/m^2、29199元/m^2。从个案来看，"卓越世纪中心"、"天利中央广场"二期售价分别比2009年初上涨了26.67%、16.67%。而市场整体售价上涨最明显的是11月，即"限外令"取消后一段时间，普遍出现5%～10%的月度涨幅。正是在这一利好的刺激下，新开盘物业均刷新所在片区历史纪录。如中心西区的"东海国际中心"（一期）、岗厦的"东方新天地广场"，开盘均价达到38000元/m^2。

2010年上半年，写字楼市场价格走势继续呈现结构性波动，随着成交物业的类型、区域、档次等波动而波动。前两个季度的均价分别为27158元/m^2、25789元/m^2，分别同比上涨50.04%、7.66%。就市场本身而言，虽然2010年有"新国十条"等出台，但总体政策偏向利好写字楼市场，在预期看涨、成交活跃的推动下，个盘物业售价普遍上涨10%～15%。

5.4 城市一体化　写字楼发展更为迅猛

5.4.1 供应继续放量　有望再创新高

从最近几年的土地转让及项目在建、筹建来看，2010～2011年深圳写字楼供应量依然保持在高位水平。据中原监测，目前确定可统计的新增供应量就超过176.13万m^2之巨。从这些项目的建设进度来看，2010年入市的将超过七成，供应办公面积超过100万m^2，有望继续刷新深圳写字楼市场的年度供应量。

在供应区域方面，2010～2011年供应结构与2009年相仿，福田继续有较大面积供应，约为66.90万m^2，但市场份额将继续下调，约占37.98%。随着前海中心的建设，南山发展规模继续壮大，挑战福田的龙头位置，供应面积约为56.85万m^2，占全市的32.28%。在沉寂多年后，罗湖写字楼将再度起色，京基金融中心等将为市场提供约26.18万m^2的办公面积，占全市供应的14.87%。另外，"关外"两区也将有稳定供应，其中龙岗继续暂时取代宝安，成为近期写字楼供应的重要区域，共约提供17.32万m^2的面积，占全市的9.83%；宝安则约供应8.88万m^2，占比为5.04%。

5.4.2 自用投资皆可　成交高位运行

随着楼市、经济的回暖，以及未来通胀预期的影响下，投资者对楼市的热情不断高涨，2010～2011年，写字楼市场将延续需求旺盛走势。随着住宅市场调控政策不断出台，投资者把眼光投向商用物业市场；另外，深圳市特区一体化、深圳市城市总体规划（2010～2020年）、《前海深港现代服务业合作区总体发展规划》等利好政策相继出台，令写字楼市场长线看多，投资处于活跃状态。

根据中原统计，目前写字楼交易中，近60.00%的成交量为投资比例，投资的需求继续呈现上升趋势。另外，在各种政策支持下，写字楼的自用需要也将保持旺盛，首先，经济刺激计划直接利好于写字楼市场，体现了政府保持经济稳定增长的决心，而目前影响商用物业的主要是经济因素，一旦经济可以保持增长，不单投资者的信心得到保证，而且企业对于未来预期有信心，这些都对写字楼交易有直接的影响。为了护持企业发展，政府继续出台利好政策，如扶助中小企业、创业板上市等，这些政策都能惠及写字楼。从2009～2010年上半年市场走势来看，市场已经给这些政策予正面回响，呈现量价齐升局面，这种势头有望继续保持。

图 5-6　深圳市甲级写字楼新增供应项目分布示意图（2010～2011 年）

数据来源：深圳中原市场研究部。

5.4.3 受区域与物业类型影响　价格呈现结构性波动

未来，区域以及物业类型导致价格的分化越来越明显。从目前在建项目看，未来热点地区的写字楼将朝高档化发展，而非热点区域的写字楼多为中低档，但发展速度也难以追赶热点地区。中心区在建的一些项目都是大体量的高档项目，预计未来新盘价格超越目前价格几无争议。未来热点片区出现的高档写字楼和非热点片区出现的中低档写字楼的价格差距将会逐步拉大，区域分化的趋势日趋明显。另外，物业类型对售价的波动影响也较大。写字楼物业类型主要有三种：纯写字楼、商务公寓、厂房式办公楼。不同的商务区域物业类型重点发展不同，如福田区未来主要发展大型商务综合体，主要包括纯写字楼及商务公寓，南山、宝安、龙岗等地则各类物业都全面发展，但重点在于商务公寓及厂房式办公楼。它们档次分明，是导致短期内价格波动的重要因素。综合这些因素，写字楼售价走势难以确定，但在需要的支持下，2010～2011 年写字楼个盘物业将继续稳步发展，但在宏观调控影响下，上行压力较大，预计环比 2010 年涨幅在 15.00%～20.00% 之间。

第6章　政策利好　商铺市场逐渐走出低谷

2009年，深圳房地产市场持续高位运行，住宅、写字楼均表现量价飙升，唯独商业市场差强人意。由于宽松的政策没有过多惠及商业市场，令成交规模依然徘徊在较低水平。

6.1 供应有限　关外地区占主导

2009年，深圳商业物业的批售量为45.41万m^2，比2008年减少26.97%，商业供应以社区商业为主，随着住宅批售的减少而减少。2009年，一手住宅供应量为469.00万m^2，同比下降15.00%，且众多项目为后续产品或豪宅，令商业供应量下降幅度大于住宅市场。2010年上半年，深圳商业批售量进一步下滑，新政令开发商推盘谨慎，一些原本有推售计划的项目纷纷延迟了项目推出时间。上半年商业的批售量为11.22万m^2，仅为2009年的四分之一，由于社区商业占到绝对比例，批售量随住宅供应起落，新政前除2月春节期间外，1月、3月和4月的供应在2.7～3.7万m^2之间，新政后5月、6月跌落至0.6～0.8万m^2。

图6-1　深圳市历年商业物业批准预售面积（2000～2010年上半年）

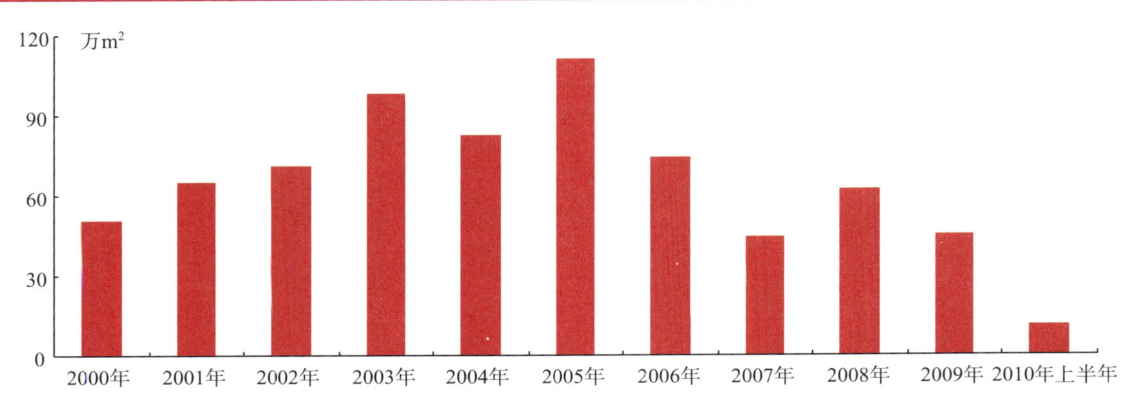

数据来源：深圳市规划和国土资源委员会、深圳中原市场研究部。

6.1.1 关外供应占绝对优势

从供应区域来看，2009年商业供应以关外为主。宝安、龙岗两区供应面积共23.45万m^2，占全市的51.64%，比2008年的73.00%有所下滑。关外占比下滑主要是受宝安的影响，新增供应多为住宅后续产品，导致商业供应面积大幅下降。而关内比例大幅回升主要来自南山、福田，它们的占比分别达27.81%、13.73%。

2010年上半年，宝安供应重新抬头，且对全市商业供应的贡献量最大，供应商业8.11万m^2，占全市的72.37%，龙岗11.31%，关外两区合计83.68%，比2009年所占比重大大提升。关内南山供应了10.47%，罗湖、福田均只有一个项目供应，其中罗湖为写字楼底商，全市占比分别为5.31%、0.51%，盐田半年中没有商业项目供应。

图6-2 深圳市各区商业物业供应分布图（2009～2010年上半年）

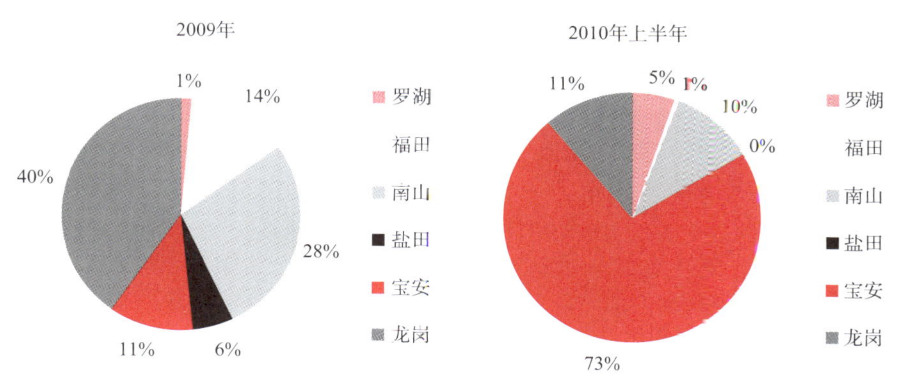

数据来源：深圳中原市场研究部。

6.1.2 社区商业主导地位难以撼动

2009年，深圳商业供应以社区商业为主，占55.71%，但比2008年的83.76%大幅回落。写字楼底商是2009年商业供应的一个主要来源，全市写字楼供应量面积为99.68万m²，比2008年增长67.25%，刷新2004年的历史供应纪录，也相应的带来大量底商供应。

2010年上半年的商业供应，又回到社区商业一统天下的局面，社区商业供应占到全市总供应量的94.65%，半年中纯商业没有新增供应，写字楼底商也只有“鸿隆世纪广场”一个项目有供应，占比为5.35%。

图6-3 深圳市商业物业供应类型分布图（2009～2010年上半年）

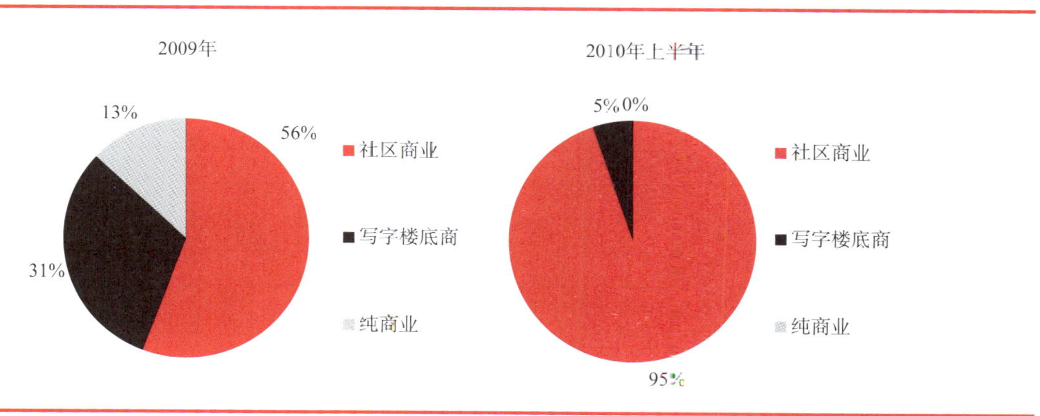

数据来源：深圳中原市场研究部。

6.2 投资意愿逐渐回升　价格大幅上涨

6.2.1 成交量谷底回升

2009年深圳商业物业的成交面积为14.68万m^2，与2008年相比下降19.47%，为1994年以后最低年度销售量。受到供应分散、市场推广力度弱、经济大环境走势尚不完全明朗等不利因素影响，商业市场成为2009年楼市表现最差的一环。从季度成交来看，成交量波动不大，全年商业都处于较低迷状态，尤其是第四季度，总成交量仅有2.33万m^2。

2010年上半年商业的成交面积为9.59万m^2，为2009年全年成交面积的65%，比2009年上半年增长28.72%。总体看来，受经济走势向好，城市、区域规划进一步完善，关内、关外一体化，大运会对区域经济的带动等利好政策的影响，2010年上半年的商业销售情况虽然跟往年相比仍有较大差距，但明显好于2009年。第一季度成交量为2.8万m^2，第二季度跃升为6.79万m^2，其中6月份的成交量就达4.31万m^2，占到上半年成交量的45%。基本上新政对商业的负面影响有限，反而由于住宅市场受到的严峻考验，使得商业市场受政策影响小，投资回报率相对稳定的优势此时尤为凸显，受到更多关注。

深圳市近年商业物业成交情况（2004～2010年上半年）　表6-1

年　度	1季度	2季度	3季度	4季度	全年
成交套数（套）					
2004年	3006	4877	2025	4760	14668
2005年	2998	2257	2204	1735	9194
2006年	3229	1994	1770	1005	7998
2007年	2159	1530	1126	504	5319
2008年	328	388	161	516	1393
2009年	469	497	458	393	1817
2010年上半年	250	605	—	—	855
成交面积（万m^2）					
2004年	16.27	16.38	15.02	18.34	65.01
2005年	18.26	12.38	11.95	10.89	53.48
2006年	15.89	8.72	12.98	8.36	45.96
2007年	11.66	6.61	9.23	3.14	30.64
2008年	6.61	5.34	1.30	4.98	18.23
2009年	4.34	3.11	4.90	2.33	14.68
2010年上半年	2.8	6.79	—	—	9.59

数据来源：深圳市规划和国土资源委员会、深圳中原市场研究部。

6.2.2 双重因素导致价格大涨

2009年，深圳商业成交均价为20658.66元/m^2，同比大幅上升56.59%，价格上涨主要有两方面的原因，其一是结构性增长，2009年，关内高价物业成交比例比2008年大幅上升，有效的拉动了全市均价上涨；其二是受房地产市场火热而导致个盘售价上升所影响。

销售方面，销售价格排名前五的，除宝安的“翠景居”外，其他物业均为关内物业，分别是福田的“丰盛町地下阳光街”、罗湖的“汇泰大厦”，以及南山的“阳光花地苑”、“世纪假日广场”，这4个物业的成交面积分别为3314.66m^2、453.92m^2、1871.17m^2、1452.71m^2，销售均价分别为153422.77

元/m²、47023.48元/m²、58832.96元/m²、44519.78元/m²，有效的拉动了全市均价。虽然2009年商业成交继续低迷，但在楼市火爆、商业"限外令"取消等影响下，物业售价稳步发展，特别是新开盘物业，纷纷刷新片区记录，如宝安的"翠景居"、"万科金域华府"一期、"宏发美域花园"、"金地梅陇镇花园"等，售价均超过30000.00元/m²；龙岗的"第五园"(五期)、"森雅谷"等也接近或超过30000.00元/m²，相对2008年底，个盘涨幅普遍在10%～20%之间，个别超过30%，楼市的火热刺激商业售价走高。在它们的合力作用下，商业售价实现大幅增长，历史上首次跃上两万大关。

2010年上半年商业物业成交均价为21259.16元/m²，比2009年约有2.6%的增幅，关内写字楼底商、高档纯商业、高价物业的大面积成交，推动了商业物业价格的结构性上涨。写字楼底商"东方新天地广场"、"中央西谷大厦"、"万骏经贸大厦"，成交均价都在60000.00元/m²以上，纯商业物业"丰盛町地下阳光街"均价更高达150000元/m²，社区商业如"东方颐园"、"金翠园"的成交均价也分别为78000元/m²和90000元/m²。

深圳市近年商业物业成交价格情况（2004～2010年上半年）　单位：元/m²　表6-2

	1季度	2季度	3季度	4季度	全年
2004年	12101	10938	12672	13091	12463
2005年	15122	13168	16615	18109	15611
2006年	13093	24735	18143	22342	18410
2007年	18627	26293	15915	14936	19102
2008年	10537	12008	27158	14347	13193
2009年	18403	21036	18961	28300	20718
2010年上半年	33615	16164	—	—	21259

数据来源：深圳市规划和国土资源委员会、深圳中原市场研究部。

图6-4　深圳市商业物业成交价格情况（2009～2010年上半年）

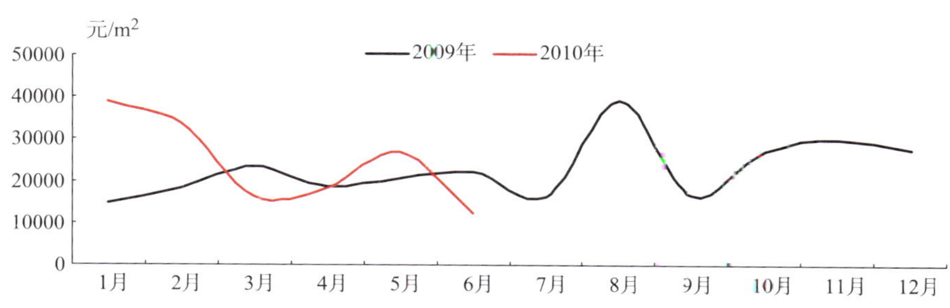

数据来源：深圳市规划和国土资源委员会、深圳中原市场研究部。

6.2.3 经济回暖　租金持续向上

2009年，在"4万亿"等刺激内需，以及楼市、股市全面回暖的影响下，商业租金从2008年的低谷缓慢回升。到2010年，随着经济形势的进一步稳定，城市、区域规划的政策的相继出台，商业投资价值的关注上升等有利因素带动下，商业物业的租金稳定增长，持续向上。

图6-5 深圳市关内各区商业物业租金走势图（2009～2010年上半年）

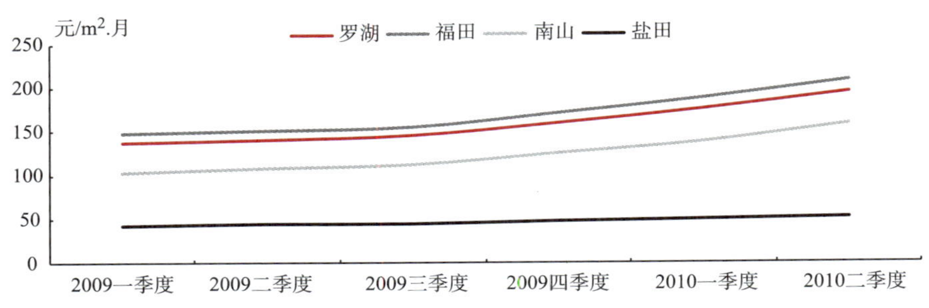

数据来源：深圳中原市场研究部。

6.3 政策利好 商铺市场有望加速发展

6.3.1 批售量随住宅市场回升

2009年，住宅市场批售减少，加之诸多项目后续产品以及豪宅的推出，使得以社区供应为主的2009年商业供应比上年减少了26.97%。2010年上半年，新政推出另开发商谨慎观望，延迟推盘，6个月新增住宅供应量仅有144.44m^2，由于这期间社区商业在商业供应中占据94.65%的绝对比重，住宅供应的减少直接导致商业供应的大幅缩水。

随着2010年已过去大半年，许多开发商在上半年的推盘量达不到计划目标，下半年他们将面临库存增加、资金回笼、业绩冲量等压力，在诸多压力促使下，下半年的住宅推售量将放大，预计将有200万m^{2}的体量推出，而商业批售量也将随住宅市场回升。

6.3.2 大型项目多点开花

大型商业物业依然是2010～2011年商业物业市场供给的热点。这些项目物业有大型购物中心，如“KK MALL”、“龙岗星河时代cocopark”、“东门荟”等；有写字楼的底商，如福田的“卓越世纪中心”、“东海商务中心”、“东方新天地广场”、龙岗的“珠江广场”等；还有大型社区商业，如南山的“太古城”、“卓越中心大道”、“曦湾”等。

2010年下半年深圳的商业供应与成交将以关外为主，随着关内外一体化、大运会在龙岗的举行，不仅刺激了区域的住宅市场建设，也刺激了区域的写字楼、酒店、商业等配套设施建设。而关内，南山受《前海深港现代服务业合作区总体发展规划》的利好刺激，商业将迎来一次量价增长，福田则陆续有大中华国际金融中心、中投国际商务中心、首座等写字楼的推出，写字楼底商供应比重增加，将促使商业成交价格上涨。

图 6-6　深圳市新增商业项目供应情况（2010～2011 年）

数据来源：深圳中原市场研究部。

Photo by: Hu wenkit 胡文杰（www.pdoing.com）

Story
楼事

深 圳 | SHENZHEN

第7章　自用投资皆宜　学位房投资潜力大

深圳中原市场研究部　韦峰

低容积率、丰富景观、黄金地段，具有这些资源的商品住宅历来受购房者追捧。但是有一类房产，虽然容积率、景观或者地段等方面没有优势，仍能受到置业者青睐，其价格的上升也表现得非常强劲。我们把这类因优质学校资源而更受购买者关注，并且市场上以此“学位”为一大卖点而进行投资、投机的房产，称为学位房。

无论是豪宅客户还是普通的购房者，只要家有适龄学童，好的教育资源都使他们成为刚性需求。由于一个城市的优质教育资源往往是稀缺的，因而也导致学位房备受追捧，其价格表现出豪宅的特征，即具有很好的保值增值性能。以学位房炒作最为火爆的福田白花片区为例，片区一些房龄20年左右的房子在2009年初时价格在14000元/m^{2}以下，2010年3、4月份涨至30000元/m^{2}左右，并且是一房难求，投资学位房一时成为热门话题。本章主要通过对近年来深圳学位房成交情况的分析，以期能对学位房投资提供帮助。

7.1 优质学校资源有限　多分布于罗湖、福田和南山区

深圳目前有省一级公办小学、初中100多所左右，分布在全市各区。但是，并非所有具有学位的楼盘都能受到追捧，因为学校之间办学质量自有高下之分，而家长总是希望子女能入读更好的学校，能入读品牌学校，因此拥有这类品牌学校资源的房产得到更多关注，自用或投资需求更活跃，这类房产才能称之为学位房。品牌号召力不强的学位楼盘，其自用需求或投资需求相对少，市场表现与其他类房产并没有太多区别，因而不划入本章所研究的学位房之列。

本章研究对象为当前深圳市最受追捧的品牌学校，共有16所，全部分布在罗湖、福田和南山，如图7-1所示。

图7-1　深圳市品牌公办中小学学校分布图

资料来源：深圳中原市场研究部、深圳市教育局。

由于近几年深圳推出的新盘中，拥有上述品牌学校学位的很少，目前在售的新房中，仅有罗湖的“金翠园”拥有品牌学位，因此本章仅以二手房为研究样本。由于16个品牌学校对应的楼盘较多，为便于研究，仅选取一些成交活跃，且具有代表性的楼盘作为样本，这29个样本学位房如表7–1所示。

深圳市品牌学位对应的楼盘列表　　表7–1

	学　校	样本学位房
罗　湖	1深圳小学	东悦名轩、嘉年华名苑、万科彩园
	2深圳中学初中部	金丽豪苑、柏丽花园
	3翠园中学	怡景花园、庐峰翠苑
福　田	4深圳实验学校小学部	国城花园、南天二花园
	5百花小学	长城大厦、金茂礼都
	6荔园小学	玮鹏花园、南天一花园
	7园岭小学	园岭新村、园中花园
	8深圳实验学校初中部	百花园、百花公寓
	9深圳高级中学初中部	港中旅花园、香域中央花园
	10莲花中学	莲花一村、莲花二村
南　山	11南山实验南头小学部	荔林春晓、阳光荔景
	12南山实验麒麟小学部	麒麟花园
	13南山实验鼎太部	鼎太风华、山海翠庐
	14南山外国语学校科苑部（小学）	深圳湾锦缎之滨、深圳湾彩虹之岸、海怡东方
	15南山实验学校麒麟初中部	荔林春晓、麒麟花园、阳光荔景
	16南山外国语学校高新部（初中）	深圳湾锦缎之滨、深圳湾彩虹之岸、海怡东方

资料来源：深圳中原市场研究部。

7.2 需求相对刚性　学位房逆势成交活跃

“再苦不能苦孩子，再穷不能穷教育”，正是在这一“指导思想”的带动之下，市场对于学位房的需求总是会很强劲，总是会很迫切，从而使得学位房无论在市场亢奋或者低迷时，都有相对好的成交。表7–2显示，在市场火爆的2007年上半年和2010年1至4月，有深圳高级中学学位的“港中旅花园”成交量大于同片区没有该名牌学位的“水榭花都”，同样，具有南山实验学校鼎太分部学位的“鼎太风华”的成交量也大于没有该学位的“阳光棕榈园”，“麒麟花园”和“豪方现代豪园”也有相似情况。同样，在市场低迷的2007年下半年、2008年以及2010年5～7月，学位房的成交量也都基本上大于同片区的非学位房。

深圳市同片区学位房与非学位房成交情况（2007～2010年1～7月）　单位：套　表7–2

项目名称	是否学位房	2007年上半年	2007年下半年	2008年	2010年1–4月	2010年5–7月
港中旅花园	是	53	8	25	9	3
水榭花都	否	20	18	24	4	3
鼎太风华	是	48	12	28	37	21
阳光棕榈园	否	38	6	20	31	8
麒麟花园	是	9	3	18	5	2
豪方现代豪园	否	4	0	1	3	0

数据来源：深圳中原市场研究部。

7.3 价格升幅高于全市　学位房投资潜力大

深圳优质教育资源有限，学位房占据稀缺的教育资源，因此其价格会比一般的非学位房高，其价格上涨的幅度也更高。图7–2所示，2004年至2010年的7年时间内，学位房均价一直高于全市二手房均价，且两者之间的绝对价格差不断扩大。2004年时两者仅相差788元/m²，2010年差距达到6721元/m²。虽然并非所有学位房价格都比同区域、同档次的非学位房价格高出数千元，但是学位房价格比非学位房价格高却是不争的事实。以2010年3月份为例，南山实验学校麒麟分校学位的“麒麟花园”价格在16000元/m²～17000元/m²，比与其一路之隔的没有该学位的“豪方花园”高1000元/m²左右；南山实验学校鼎太分校学位的“鼎太风华”1～5期价格多在17000元/m²～21000元/m²之间，而紧邻的非学位房中海“阳光棕榈园”价格则在16000元/m²～19000元/m²之间。

图7–2　深圳市二手房与学位房成交均价走势图（2004～2010年1～7月）

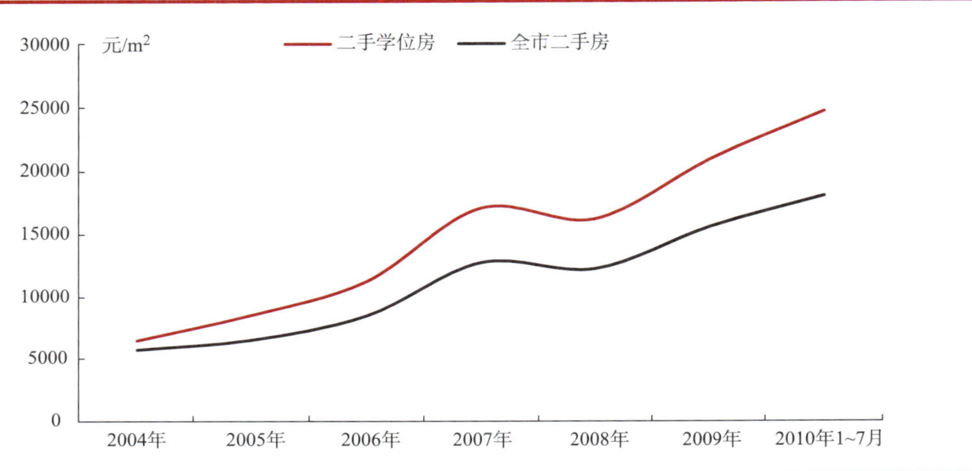

数据来源：深圳中原市场研究部。

“鼎太风华”和“阳光棕榈园”位置相近，档次相近，都是前海区域适合居住的大型楼盘。“阳光棕榈园”由品牌企业中海地产开发，一般情况下品牌企业开发的项目价格都会高于其他项目，但因“鼎太风华”有名牌学位资源，其价格表现得更为强劲。图7–3显示，2009年之前“鼎太风华”与“阳光棕榈园”的价格相近，多数时间“鼎太风华”价格仅略高于“阳光棕榈园”，2007年至2010年三年间“鼎太风华”的成交均价都比中海“阳光棕榈园”高1000元/m²左右。

从价格的上升涨幅看，学位房升值空间也更大。表7–3显示，除了2008年外，2005年至2010年每年学位房价格同比上升的幅度都比全市二手房价格上涨幅度高，2004年至2010年学位房价格累计上涨281.97%，超出全市平均涨幅约65个百分点。2008年虽然学位房价格下跌幅度大于全市平均幅度，但相差无几。

图7-3 深圳市鼎太风华与阳光棕榈园历年价格走势图（2004～2010年1～7月）

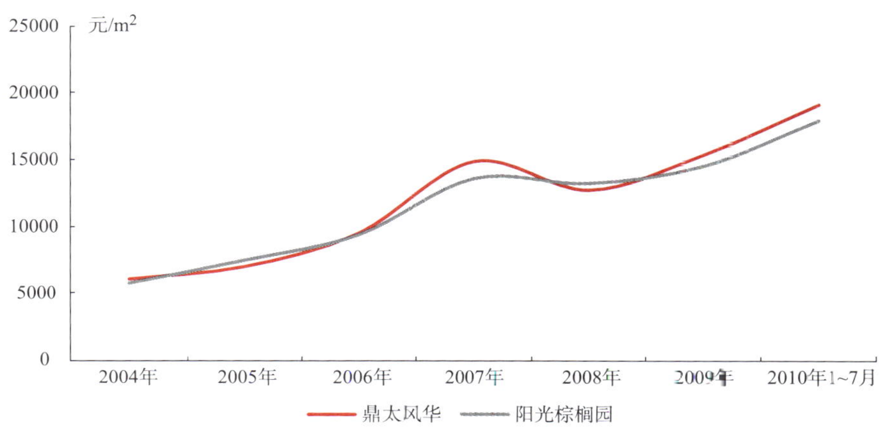

数据来源：深圳中原市场研究部。

深圳市二手房与学位房历年价格涨跌幅对照表（2005～2010年1～7月） 表7-3

年 度	学位房价格同比涨幅	全市二手房价格同比涨幅
2005年	31.78%	13.91%
2006年	32.04%	30.02%
2007年	51.54%	51.19%
2008年	-5.05%	-3.87%
2009年	28.99%	27.05%
2010年1～7月比2009年增减	18.28%	15.84%
2010年1～7月比2004年增减	281.97%	216.79%

数据来源：深圳中原市场研究部。

7.4 细分类型表现各异 豪宅学位房投资潜力大

学位房样本除了都具有名牌学位这一显著特征之外，另有其他特征，据此，将所选的29个样本学位房细分为6类，见表7-4。

深圳市样本学位房分类表 表7-4

序号	类别	学位房	主要特征
1	豪宅学位房	深圳湾锦绣之滨、深圳湾彩虹之岸、海怡东方、港中旅花园、香域中央花园	占据地段、景观等稀缺资源，且品质高的楼盘
2	商业中心学位房	百花园、百花公寓、国城花园、南天一花园、南天二花园、长城大厦、金茂礼都	靠近某一商业中心的楼盘
3	景观学位房	荔林春晓、阳光荔景、庐峰翠苑	楼盘具有较好的景观资源，但楼盘品质相对一般
4	地铁学位房	园岭新村、园中花园、玮鹏花园、万科彩园、嘉年华名苑	与地铁口距离近的楼盘
5	普通学位房	麒麟花园、鼎太风华、莲花一村、莲花二村、怡景花园	楼盘品质一般，但较适合居住
6	低档学位房	东悦名轩、山海翠庐、金丽豪苑、柏丽花园	该学位房品质较差，居住性较差

数据来源：深圳中原市场研究部。

图7-4 深圳市不同类型学位房价格走势图（2004～2010年）

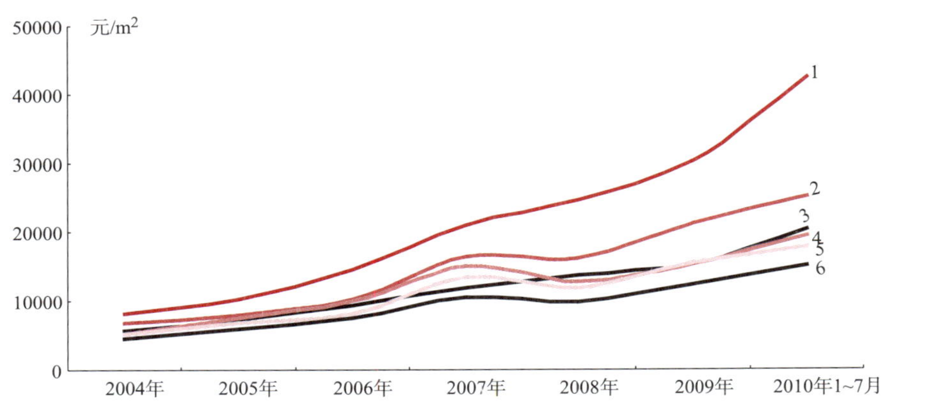

注："1"指豪宅学位房；"2"指商业中心学位房；"3"指景观学位房；"4"指地铁学位房；"5"指普通学位房；"6"指低档学位房。
数据来源：深圳中原市场研究部。

通过对这些不同类型学位房的价格走势的比较，我们发现，豪宅学位房不但价格最高，且与其他类型学位房之间的价差不断扩大。商业中心的学位房价格紧随其后，但近两年与其他类型学位房之间的价格差并没有持续拉大。景观学位房和地铁学位房价格相差不大，均略高于普通的学位房，低档学位房表现最差。

从房价格上涨幅度更能清晰看出各类学位房的保值升值能力。豪宅学位房保值增值能力最强，2005～2010年每年价格同比都大幅上涨，其中2008年价格同比仍有接近18%的上涨。从2010年与2004年的对比看，豪宅学位房价格涨幅高达413.59%，远高于其他类型学位房。

地铁学位房2004年至2010年累计价格涨幅与商业中心学位房持平，不过在市场低迷的2008年，商业中心学位房价格较为稳定，其保值性较好。

景观学位房2008年价格同比仍大幅上涨，体现出很强的保值性，不过与地铁学位房和商业中心学位房相比，其2010年相对2004年的价格涨幅要低一些。

相对于其他类型，低档学位房和普通学位房2004～2010年累计价格涨幅较小，在2008年价格也有较大幅度下滑，保值增值性较差。

7.5 小结

2010年是深圳特区成立30周年。这是一个年轻的城市，2005年的人口普查显示全市人口平均年龄不到26岁，这意味2006年至2010年都是一个生育的高峰期，也即意味2010～2020年仍将是适龄学童入学的高峰期。可以预见，市场对学位房的需求在未来数年将有增无减，而2009、2010年学位房市场升温即是一个佐证。

从投资角度来看，无论是选择哪个区域的学位房进行投资，豪宅学位房仍是最优的选择，其保值能力、升值空间都大于其他类型的学位房，而地铁学位房和商业中心学位房也是很好的投资品种。城市交通越来越拥挤，地铁将是最便捷的交通方式，既有品牌学位又有地铁优势，这种产品的优势将越来越明显。商业中心意味着生活配套成熟完善，交通较为便利，区域内人流、资金流大，区域内的房产有好的保值性，加上学位资源优势，其升值空间也会比较大。相比之下，普通学位房和低档学位房投资回报率会比较低，但是由于其价格相对较低，门槛不高，而且其长线升值能力也高于全市平均水平，因而成为多数人能够参与的投资品种。

第8章　前海中心商业市场分析

深圳中原市场研究部　周庆亮

近年来，深圳城市发展呈现两大特征，一是城市化进程加速，二是城市中心和经济命脉正向西移。在特区成立30年之际，国务院就广东省《关于延伸深圳经济特区范围的请示》作出批复，同意将深圳经济特区范围扩大到深圳全市，将宝安、龙岗两区纳入特区范围。《深圳市城市总体规划（2008～2020）》确定前海的定位——作为深圳城市双中心（福田中心区和前海中心区）之一，形成新的前海金融服务合作区，并且引入“深港两地合作开发”的模式。新的前海金融服务合作区定位分为4个区，即深港合作先导区、体制机制创新区、现代服务业集聚区和结构调整引领区。并且在前海重点发展六大产业，即总部经济、创新金融、现代物流、科技及专业服务业、通信及媒体以及高端服务业。随着前海未来产业结构的升级和转型，以及重点发展的六大产业支柱，共同合力形成深圳特区经济可持续发展新的动力和增长点。前海中心区有着完美的蓝图，现正一步一步走向现实，其商业发展令人瞩目，蕴含着巨大投资机会。

8.1 规划高起点

8.1.1 城市“双核”发展规划

图8-1　深圳市前海中心区示意图

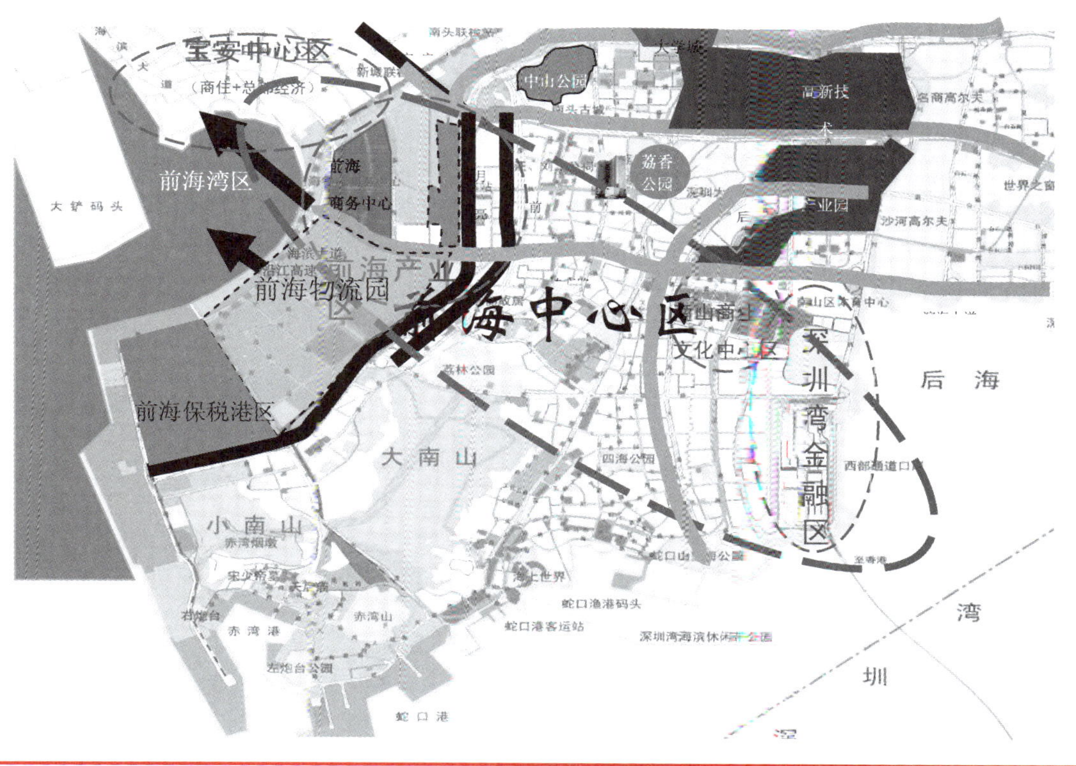

资料来源：深圳中原市场研究部。

《深圳市城市总体规划（2007～2020）》中指出，深圳将规划两个城市中心，即福田中心和前海中心。其中前海中心将是在城市转型过程中具有战略价值的重要区域，主要发展区域功能的生产性服务业和总部经济。《深圳 2030 城市发展策略》指出西部滨海区未来的发展定位是以前海湾和宝安中心区填海区等战略重点地区为核心，建设生产性服务业中心和区域性物流中心。在未来宝安中心区以北的西部填海区建设世界高端制造业园区，形成全市发展的新的增长极核。

8.1.2“两轮两翼”产业规划

政府为区域产业发展搭建了高级化产业结构、集聚化产业发展态势、高端化产业竞争力等先进体系。把高新技术产业和现代物流业，作为推动南山经济发展的两个轮子；把高端服务业和大文化产业，作为推动南山经济腾飞的两个翅膀；实现“两轮驱动、两翼齐飞”，努力打造“深港创新圈”的先锋城区。为了实现“双轮提速，双翼腾飞”，南山还需要实现“大孵化器”策略；同时大沙河深港创新走廊规划建设也将启动：到2010年将其建设成为可与巴黎左岸、台湾新竹媲美的世界级创新城区。

8.1.3 区域战略多样化

首先是后海国际化港湾规划，主要包括口岸区：与香港形成半小时创新圈，推进深港合作，带动区域发展；体育中心区：F1摩托艇世界锦标赛将落户后海湾填海区、深圳湾体育中心俗称“春茧”其将作为第26届世界大学生运动会场馆之一；金融商务区：总建筑规模：400万m^2、商务办公230万m^2、总部基地50万m^2、商业120万m^2、办公44万m^2，深圳未来的经贸、金融核心区域；滨海长廊：为市民创造一个享受大海的休闲场所，把深圳真正打造成亚热带风光的滨海城市，成为深圳的城市名片。

其次是前海合作区规划，前海合作区位于“前海中心”的核心区域，总占地面积约15km^2，从功能定位和产业发展方向上看，前海未来将发展位于产业链最高端的一系列产业。其服务范围将是包括香港在内的整个珠三角。先期启动区：前海商务中心区将重点发展创新金融、会计法律服务、金融信息、科技服务、通讯及媒体服务等现代服务业。前海湾保税港区作为前海地区的先期启动区，重点发展现代物流和供应链管理服务业，积极吸引金融、保险、航运、贸易、信息等相关服务业入区。

8.2 城市中心西移 区域商业氛围日益浓厚

目前深圳城市发展仍处于“扩张”阶段，城市每年新增常住人口达到40～50万，相当于一个中等城市的人口规模；同时全市的资本、人流、信息和物质财富布局也处于变化之中，因此深圳商圈的格局远未“定型”，始终处于不断进化过程中。由于罗湖最早的开发，在1980年代形成了东门和人民南两个商圈；1990年代，随着深圳开发重心逐渐西移，福田的开发强度加大，人口大量增加，于是形成了华强北商圈，福田中心区商圈正在逐步形成，并有望在3～5年内成为全市业态最为发达的商圈。同时南山、宝安随着城市开发力度的增强，南山中心区、宝安中心区等商圈也初步形成。

从规模上看，深圳各商业区的营业规模、客流量和营业额不断扩大，营业面积进一步集中于市级和区级商业区，仅华强北、东门和人民南三大商业区营业面积就高达130万m^2，占全市商业网点营业总面积的比重近10%。从布局上看，随着南山、宝安和龙岗三区经济总量的快速增长以及居民购买力的提高，各区已形成了各自的区级商业区，为本地消费者提供一站式购物场所，以上三区居民周末到罗湖和福田的商业区购物的现象已经明显减少，特区内商业区的市场占有率逐渐被分化。

从目前前海中心区各大商圈的布局现状来看，由于近年深圳经济重心西移战略的影响和南山、宝安区房地产市场蓬勃发展的带动，前海中心区已经在整体上初步形成了后海商圈、南油－蛇口商圈、南头商圈、宝安中心区商圈等“多中心”的商业格局。前海中心区的规划建设，将改变西部商业经营业态单一、商业设施不完善、发展水平较低的现状，重新整合南山区、宝安的商贸资源，扩大片区各大商圈的整体辐射力，打造成为泛珠三角的“曼哈顿”。

图8-2　深圳市前海中心区商圈分布图

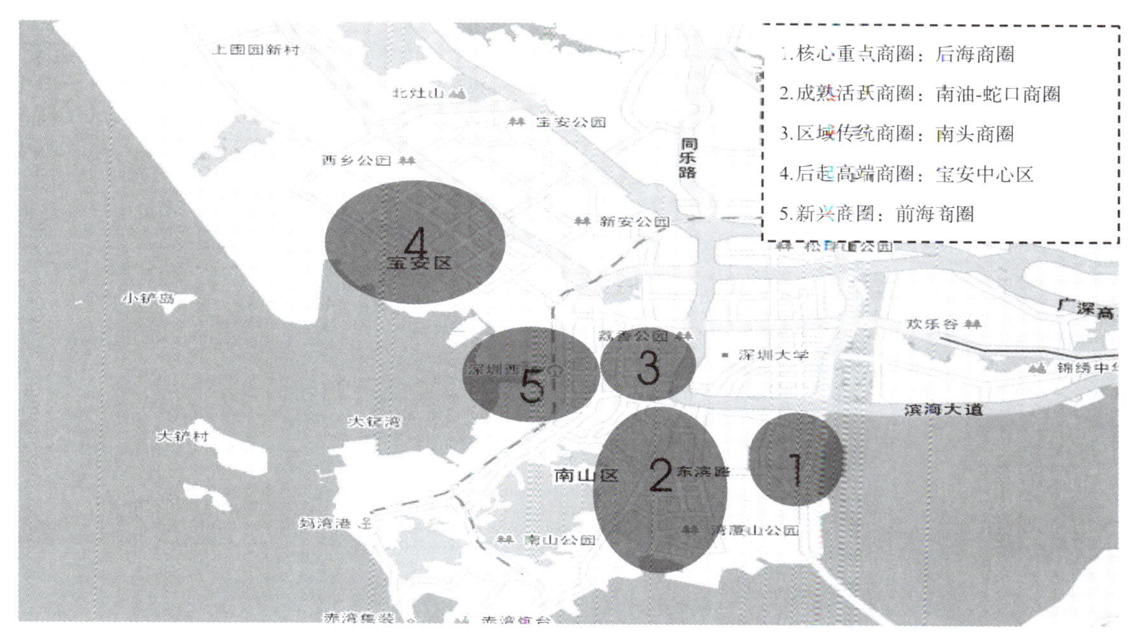

图片来源：深圳中原市场研究部。

8.3 潜在消费群扩大　前海商圈渐入佳境

为了解前海中心区消费者现状与发展趋势，中原地产先后在前海片区、后海片区及宝安中心区多处展开问卷调查，收集有效问卷66份。问卷调研时间为：2009年12月1日～2009年12月3日。

8.3.1 消费行为理性目的性强

从问卷调查得知，前海中心区受众消费者行为较为理性，目的性强。受访者中40%出于餐饮、休闲娱乐消费目的，36%为购物目的。在餐饮消费中，最受欢迎的餐饮口味：粤菜、湘菜、川菜、客家菜及亚洲风味餐饮，消费情况：人均单次消费集中50～150元/人（75%），每月2～4次（77%），单身人士及三代同堂家庭消费多于其他家庭结构。休闲娱乐消费方面，最常选择的休闲娱乐方式是看电影（25%），人均单次消费40～120元/人，每月1～2次，其次是酒吧（9%）、自驾游（9%）、卡拉OK（9%）等。

图8-3　深圳市前海中心区消费者购物消费目的性分布

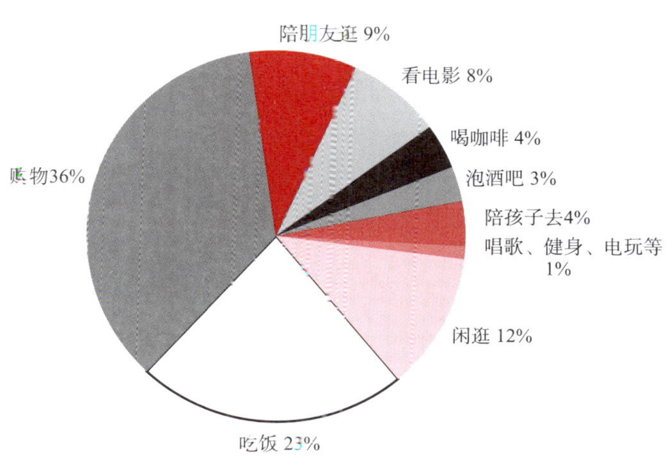

资料来源：深圳中原市场研究部。

8.3.2 消费者就近消费习惯明显

从调查发现，交通可达性要求非常重要，各商圈内消费者就近消费习惯明显，24%受访者会就近消费，42%接受步行5～10分钟的路程；超过50%的人接受15～20分钟的车程。

图8-4　深圳市前海中心区不同年龄段消费者的消费目的

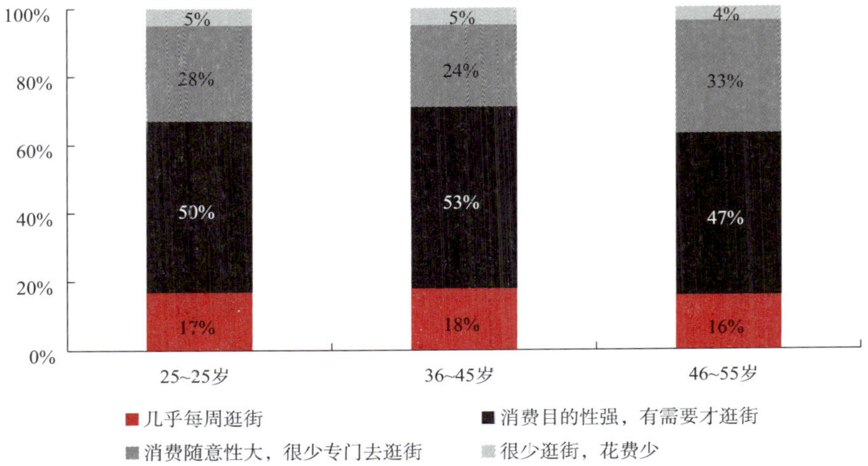

100%
80%
60%
40%
20%
0%

	25~25岁	36~45岁	46~55岁
很少逛街，花费少	5%	5%	4%
消费随意性大，很少专门去逛街	28%	24%	33%
消费目的性强，有需要才逛街	50%	53%	47%
几乎每周逛街	17%	18%	16%

■ 几乎每周逛街　■ 消费目的性强，有需要才逛街
■ 消费随意性大，很少专门去逛街　■ 很少逛街，花费少

资料来源：深圳中原市场研究部。

8.3.3 购物中心吸引高收入人群

问卷反映，受访者最常去的购物场所是百货商场（43%）。29%受访者常去购物中心，业态齐全、环境舒适的购物中心吸引高收入人群。74%受访者去消费场所不仅满足购物，还希望服务、环境、餐饮、

图8-5　深圳市前海中心区消费者接受到消费场所的时间

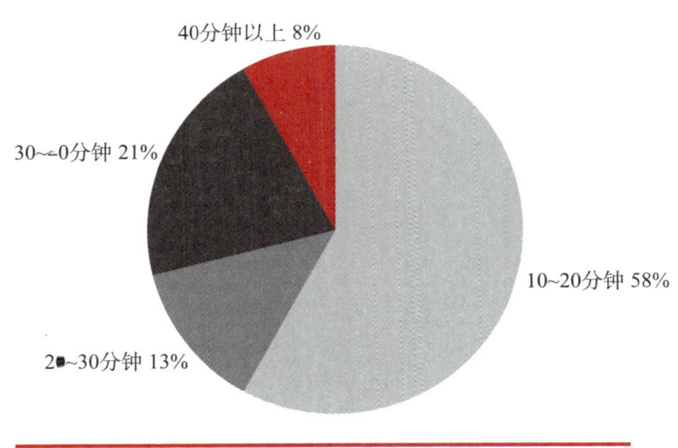

资料来源：深圳中原市场研究部。

图8-6　深圳市前海中心区消费者经常选择的购物场所

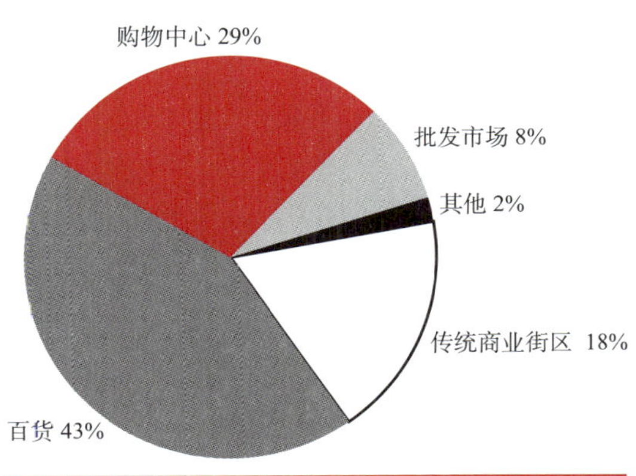

资料来源：深圳中原市场研究部。

休闲娱乐功能等的完善。说明受访者对购物中心业态丰富、一站式消费的认可，对餐饮、休闲娱乐功能功能有较大需求。

从规划来看，前海中心区是高起点的市级商圈，在多重利好影响下，将是深圳未来发展的重心所在，政府全力将其打造成泛珠三角的"曼哈顿"。从消费者调查得知，目前区域消费人群特征具有高收入、高学历、家庭结构年轻化、消费力强等特征，他们消费较理性，对消费场所软硬件要求高。而分析区域的各大商圈，目前缺乏大型的购物场所，片区消费群有区域外消费的习惯，商业业态品牌在逐步完善、档次在逐渐升级、商业格局在逐步形成中。这对开发商、投资者都是一个绝佳良机。

附：前海片区主要商圈分析

深圳市后海商圈分析　　表8-1

要　素	分　析
区域特点	• 定位现代滨海国际商业区，规划有星级酒店、商务办公、文化娱乐中心、购物中心、休闲广场等设施，集商务办公、商业、文化、居住等多功能于一体的市级商业中心 • 提供高档商品和服务为主。已形成浓厚的居住氛围，区域内居民多为收入较高的金领、企业主等高端人群，消费能力强 • 目前已有多栋写字楼入驻，加上新规划的深圳湾将发展以生态为主题的高级商务区，未来区域商务消费需求强烈，商业发展潜力巨大
商业规模	零售商业总规模约59万m^2，主要由购物中心、百货、写字楼底商、住宅配套商业构成
代表物业	海岸城购物中心、保利文化广场、南山茂业、海雅百货、天利中央项目一二期、凯宾斯基酒店裙楼商业
业态构成	大量餐饮，适量休闲娱乐、生活配套、时尚购物
档次	中高档
租金水平	250～400元/m^2/月（主要指区域内地段较好的临街铺单位建筑面积的月平均租金）
消费人群	主要以南山前海、后海、蛇口、南头等片区居民，及南山文化中心区商务人群为主，并一定程度上辐射到宝安、红树湾等较远片区
品牌代表	• 餐饮：麦当劳、肯德基、潮江春、江南厨子、中森名菜、必胜客、鼎泰丰、星巴克、大家乐、寿师傅 • 服饰：MANGO、LEVI'S、宝姿、SISLEY、ONLY、BELLE、G2000、佐丹奴、滔博 • 休闲娱乐：保利剧院、保利国际影城、保利酒吧街、海岸影城、反斗乐园、海岸世纪星俱乐部溜冰场 • 超市、百货：吉之岛、家乐福、天虹百货、海雅百货、茂业百货
评价	商圈价值逐渐得到肯定，但区内人口及需求难以支撑较为庞大的商业规模，出现了同质化竞争。长远看来，商圈具备发展潜力与辐射力，但未来应避免同质化竞争，采取差异化策略

资料来源：深圳中原市场研究部。

深圳市南油－蛇口商圈分析　　表8-2

要　素	分　析
区域特点	• 定位深圳国际化特色现代商业街区，包括南海大道、创业路口以南，至海上世界一带 • 满足南山区及周边居民的购物、休闲与享受型消费需求，同时吸引深圳市民及国内外游客购物、休闲 • 南海大道车流量、人流量大，是目前南山较成熟、业态相对全面的商业区，被誉为南山区的"华强北" • 政府于2006年对南海大道进行了大规模的景观改造工程，完善了道路周边的商业配套
代表物业	花园城中心、信和春天百货、崇尚百货、海上世界
业态构成	南海大道一带以时尚购物、餐饮为主，蛇口海上世界商业区以餐饮、娱乐、休闲为主
档次	中档为主
租金水平	200～350元/m^2/月（注：主要指区域内地段较好的临街铺单位建筑面积的月平均租金水平）
消费人群	蛇口、前海、后海等片区的居民为主，由于靠近深圳湾和蛇口港，成为驻深外籍人士、国内外游客及深圳市民喜爱的休闲场所

续表

要　素	分　　析
品牌代表	• 餐饮：胜记、许留仙、棒约翰、六千馆、麦当劳、亚马逊巴西烤肉 • 服饰：领跑、LEVI'S、LA PARGAY、淑女屋、吉祥斋、周大福、妍丽 • 休闲娱乐：洲立影院、中航健身会、迪卡侬、蛇口酒吧街 • 超市、百货：沃尔玛、人人乐、信和春天百货、紫荆城百货、崇尚百货 • 家电家居、建材：国美、顺电、苏宁、世纪中心
评价	借助政府对南海大道的改造，并结合花园城中心的带动，商圈的零售业态及档次有所提升，随着南油工业区改造推进及南油购物公园建设的进展，商圈将进一步扩张升级

资料来源：深圳中原市场研究部。

深圳市南头商圈分析 　表 8-3

要　素	分　　析
区域特点	• 定位区中心商业区，包括南山大道、南新路、学府路、桃园路一带，是南山区开发较早的片区，市政配套完善，商业氛围成熟 • 聚集了众多的南山政府机关、公建设施，如区政府、图书馆、文体中心等 • 以购物功能为主，提供中档商品及服务 • 区域内人口密集，约30万人，商业基础良好，但交通拥挤
代表物业	常兴天虹、赛格电子市场、家乐福、沃尔玛社区超市
业态构成	以满足居民日常生活需求的业态、外贸服饰为主
档次	中低档为主
租金水平	不同地段租金水平相差甚远，一般在300～500元/m^2/月（注：主要指区域内地段较好的临街铺单位建筑面积的月平均租金水平）
消费人群	主要以周边居民为主，辐射能力有限
品牌代表	• 餐饮：麦当劳、肯德基、味千、仙踪林、漓江又一轩、名典咖啡、雨花 • 服饰：以莼、ONLY、BELLE、天美意 • 床用：淑女屋、雅兰、雅芳婷、富安娜 • 超市、百货：天虹、家乐福、沃尔玛
评价	• 作为区域传统商业区，由于历史因素和早期城市规划的原因，商圈的商业设施形态及道路交通设施的提升与扩展空间有限，导致商圈内居住人口密集，人流量大，但商业档次难以提升 • 地铁1号线延长线即将开通，一定程度上能改善片区交通，但商业整体升级难以在短期内实现

资料来源：深圳中原市场研究部。

深圳市宝安中心商圈分析 　表 8-4

要　素	分　　析
区域特点	• 定位次市级商业区，规划为深圳西部功能齐全、规模较大、业种业态丰富、能体现宝安区商业形象的商业区 • 重点发展与商务区和现代化社区相匹配、与宝安区内居民日益升级的消费需求相适应的零售、餐饮及文化娱乐业 • 规划起点高，庞大的高端住宅区、总部经济规划、地铁建设、大铲湾港口建设等将为商业带来强劲的消费需求，未来将辐射至宝安区、深圳甚至珠三角 • 以提供中高档零售、餐饮和文化娱乐服务为主
代表物业	华润万家、世纪中心、沃尔玛购物广场、天虹商场
业态构成	目前主要为立足社区生活需求的百货超市、家居家电、建材及餐饮休闲，未来将向区域服务方向延展
档次	中档为主
租金水平	一般在150～200元/m^2/月（注：主要指区域内地段较好的临街铺单位建筑面积的月平均租金水平）
消费人群	主要消费群体是区域内常住居民，包括新中心区内的新增居民、107国道沿线居民、香港及深圳特区内游客
品牌代表	• 餐饮：KFC、巴蜀风、麦当劳 • 休闲娱乐：好望角休闲会所、玛莎纤体、富广水会 • 超市、百货：沃尔玛、人人乐、华润万家、天虹、佳华商场、家家乐 • 家电家居：世纪中心、华美居、苏宁、赛格电子
评价	随着城市西进、大铲湾规划、前海中心规划的逐步完善，宝安中心区商业后劲十足，目前中高端的购物、餐饮、休闲娱乐仍有很大的市场空间

资料来源：深圳中原市场研究部。

深圳市前海商圈分析 表8-5

要　素	分　　析
区域特点	• 结合前海中心规划，打造深港现代服务示范区 • 其商业主要满足周边居民、物流业、港口经济的日常生活配套，随着前海中心规划的推进，区域商业发展将有极大的机会
代表物业	星海名城商业、鼎泰风华商业、城市山林商业、中海阳光棕榈园商业
业态构成	满足社区生活需求的超市、餐饮、休闲、配套
档次	中档为主
租金水平	80～150元/m²/月
消费人群	主要消费群体是片区内住宅社区的居民，辐射力小
品牌代表	• 超市百货：人人乐、华润万家 • 餐饮：上岛咖啡、二郎田鸡、老树咖啡、土土坊 • 休闲娱乐：琉璃时光、创兑美发
评价	• 目前片区商业主要以社区商业为主，部分项目由于交通不便，难以辐射到社区外的消费人群 • 随着地铁的建成，前海湾将作为重要的交通枢纽，片区交通将随着区域规划推进得到完善，商业档次有望进一步提升

资料来源：深圳中原市场研究部。

第9章　楼市低迷 开发商各显神通促销售

深圳中原市场研究部　宋晓敏

多样化的营销手段是楼市新政以来新房市场特色之一。2010年4月中央连打房地产调控“组合拳”，掀起了“历史罕见”的新一轮调控风暴，楼市迅速陷入低迷。开发商作为房地产行业的直接利益者，眺望政策风云，从最初的不动声色观望，到逐渐地改变风险处理方式，实施不少创意性的营销手段。

开发商作为产品推销主体，关键在于从客户心理角度分析市场需求，从而在低迷的市场环境下实施最有效的营销手段。不同的营销方式具有不同的效果，本章主要对新政低迷期不同开发商采取的各种促销策略以及所取得的效果进行分析研究。

9.1 新政重磅出击　楼市转入观望期

2010年4月14日召开的国务院常务会议要求，对贷款购买第二套住房的家庭，贷款首付款不得低于50%，贷款利率不得低于基准利率的1.1倍；对购买首套住房且套型建筑面积在90m^{2}以上的家庭，贷款首付款比例不得低于30%。同年4月17日，国务院继而规定对不能提供1年以上当地纳税证明或社会保险缴纳证明的非本地居民暂停发放购买住房贷款；在商品住房价格过高、上涨过快、供应紧张的地区，可暂停发放第三套及以上住房贷款。

新政“一刀切”的做法，不仅抬高了投资客的入市门槛，改善型需求及部分刚性需求亦被抑制。这被称为“史上最严厉的调控政策”让开发商感觉到市场形势的即将逆转。而《深圳市住房建设规划2010年度实施计划》中提出计划安排建设保障性住房5万套，比2009年建设保障性住房2.57万套增加接近一倍，体现出政府2010年着眼点在于促进供给，通过供给关系的均衡调整来平抑房价上涨。

新“国十条”的推出，使得市场迅速降温，置业者陷入观望，开发商犹豫不决，整个房地产市场交易处于低迷，成交量大幅下滑。一个月后，深圳楼市首现第一波降价潮，部分开发商及时调整销售策略，以抢占市场先机，减少新政带来的不利影响。

图9-1　深圳市全市一手房每周走势图（2010年4月～2010年8月）

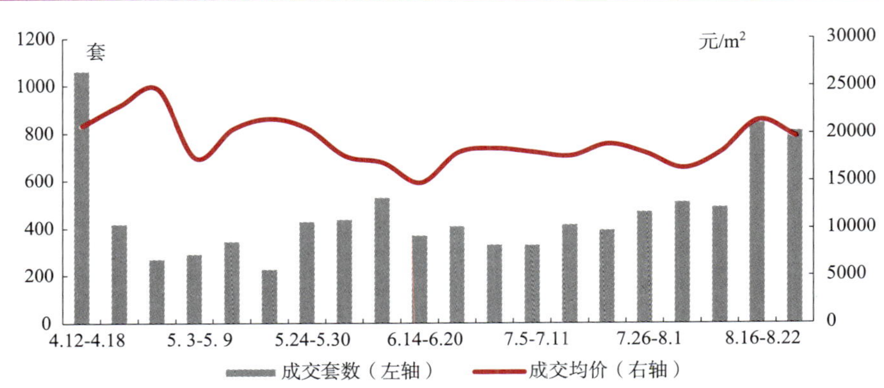

数据来源：深圳中原市场研究部。

9.2 促进销售　开发商各显神通

9.2.1 直接降价

开发商从政府打压房市中嗅出　市场逐步进入观望氛围，购买力有所保留。为了更好地保持稳定的资金回笼，部分开发商逐渐采取降价促销手段。

如图9-1显示，全市一手房每周走势呈波动曲线，自从新政以来，成交套数急速下降，成交均价经历两周僵持之后也持续平稳下调。2010年5月底，随着万科、佳兆业等开发商带头降价风潮，置业者涌出市场抢购降价盘，使得一手房成交量有所回升。自此，降价成为新政之后的主基调。

从购买心理分析，房价下降到消费者承受范围内，市场必然有所成交，从逆市热销的楼盘可见端倪。2010年5月深圳楼盘销售普遍惨淡，但也存在淡市热销的成功例子。“水榭春天”开盘前预期价格在2.3万～2.5万元/m^{2}之间，而开盘价格只有2万元/m^2，一个月成功创下销售一百三十多套的佳绩。“天健时尚空间”3、4月份预报均价在2.5万元/m^{2}以上，但开盘均价定于2.3万元/m^2，性价比高，吸引不少置业者的眼球。还有，万科品牌低价入市的万科千林山居、万科里城开盘几乎售罄，降价的“上品雅园”，“东方沁园”，“茗萃园”及“金翠园”等销售都大幅增加。

9.2.2 变相降价

考虑到可能引起旧业主不满情绪等因素，开发商往往更偏好于变相降低房价，而不是直接降价。变相降价销售形式多种多样：①VIP诚意客户登记，开盘当天可低数万元房款；②买房即送礼，送车位、电器、装修、加油卡等；③开盘当天楼房赠送面积等。

如“莱蒙·水榭春天”已于2010年4月17日接受客户登记，5月3日正式引进沃尔玛来提高自身品牌水平，成功办理开盘当天即可享受9.8折优惠，一次性付款可再享95折，首付5成以上再享97折。“阳光天健城2期”年中推出，4月底就开始接受优惠登记，进行开盘当天可抵用2万元的优惠措施。“万科第五园六期·领峰”VIP客户可享总价5万元优惠，开盘当天另有优惠。“十二橡树庄园”VIP登记客户可享双重优惠，十万抵二十万，同时再额外赠送名师定制设计费十万元。“中海大山地”压轴10套别墅户均赠送面积比例接近1比1.5。

9.2.3 开展社区创意活动

楼市行情进入观望氛围，占大比例的刚性需求客户因政策的发展而举棋不定。开发商除了在开盘销售期间做相应的优惠措施之外，还注重平日自身品牌的建设维护工作，推进优质服务优质品牌效应。

佳兆业“上品雅园”举办以时尚数码、电器产品为主的超低价拍卖活动，“鸿威·海怡湾”周末举办“超脑力”亲子主题活动，“缤纷夏日”甜品节活动，“花园城五期”周末举办“色彩旋动我家”装修讲座，“宝能太古城”周末“童年时光穿梭之旅”欢乐登场，“益田·大运城邦”六一风筝节，并实施引入国际名校构想蓝图……

尽管社区活动多种多样，如讲座、游戏、特色活动、节日活动、专题活动以及抽奖活动等等，但基本都具备三个特点：一是活动时间大体定于假期休闲空档；二是创意活动结合中国传统节日，如母亲节、六一节等特效时段，推出相应构思；三是营销策略重在长期品牌效应，而非体现在短期销售曲线上。

9.2.4 抢搭节日顺风车

2010年4月份的新政冲击刚好恰逢“五一”劳动节的到来，开发商利用节日推出营销策略，也是很好的促销方式，扩大市场影响力。佳兆业“茗萃园3期大观邸”在获得深圳市2010年3月销售冠军之后推出“五一”优惠，推出十套特惠单位享有额外九五折；“中海西岸华府”启动“五一购房节”，来访客户有好礼赠送，成交有送车位等超值优惠，抽取惊喜大奖等；“佳兆业金翠园”五一特惠，一至三房住宅推出少量特惠单位26000元/m^{2}等。

“五一”黄金日成为了众多开发商展示看家本领的舞台，各式各样的推盘销售方式，不仅引发城市白领的购买兴趣，也带动起居家型看房团的出动。促销加上节日，无疑是良好的组合方式，有助于开发商利用节日效应打开市场。

9.3 购房者趋理性　直接降价效果最显著

每一种营销手段都有其特色之处，优劣各异。营销，关键在时间段的把握，才能淋漓尽致地发挥到营销本身的涵义。

营销方式优劣势对比　表9-1

营销方式	特　点	优　势	劣　势
直接降价	购买者直接得利，具有效果直接的特点	效果最直接，市场反应最迅速，最能够达到刺激市场需求的目标	降价幅度影响销售效果，但小幅度降价并不一定得到消费者的青睐
变相降价	销售形势多样化：VIP诚意客户登记抵房款，买房即送礼，赠送面积等	形式多样，生动活泼，起到开盘暖场促销120	实惠型促销较符合消费者需求，赠送电器等间接降价方式促销效果有所局限
开展社区创意活动	创意活动，头脑风暴的体现，多种构思的凝聚	自身品牌建设维护，增添社区活动的丰富性	长期效应非短期效果，单靠创意活动不能达到很好的销售目标
搭节日顺风车	节日效应，多种营销融合集中体现	时效性强，能带动不同需求群体购买	节日短期效应，非长期营销策略

资料来源：深圳中原市场研究部。

9.3.1 直接降价效果明显

直接降价符合市场原则，效果也最明显。位于龙华的“十二橡树”推出12套特价单位，每套房子的均价比原定价格低4000元/m^2，立即销售10套。“万科清林径”价格低于市场预期开盘，大幅降价15%～20%，加上送面积送装修，均价1万元/m^2，最低单位仅8000多元/m^2，成为深圳少见价格跌破1万元/m^{2}的楼盘，也成为新政以来首个“日光盘”。

优质楼盘的品牌效应加上开发商采取开盘当日明显降价，销售情况明显好转。同时可以看到，楼盘销售成绩的好坏与其降价幅度的大小直接相关。位于龙华新城的“潜龙曼海宁”开盘最低价22000元/m^2，均价25000元/m^2，相比之前价格降1000元/m^2。但在2010年6月期间其成交量连续三周接近零成交，销售情况甚不理想。该楼盘没能吸引到市场的潜在购买力，主要原因在于降价幅度没有符合或达到消费者心理预期。因此，在楼市低迷时期，即使直接降价也并不一定能够获得消费者的青睐，只有一步到位的降价才能取得比较优异的销售成交。

9.3.2 变相降价讲究策略

除直接降价销售外，花样繁多的变相降价也促进了销售。但变相降价的手段众多，其中赠送面积、开盘VIP登记抵房价这种类型的降价方式比较符合消费者需求，成功率较高。而其他赠送电器等销售方式，并没有特别有理想销售情况。如位于深圳CBD中央居住区的“莱蒙·水榭春天”折后价格区间在19000～22000元/m^2，价格低于市场预期，因而上半年创下累计销售面积68.88万平方米和780套的佳绩，实属逆市飘红。

9.3.3 创意活动分清主次

在逆市环境下，开发商更加注重自身的品牌建设，而出于成本控制考虑，社区创意活动成为其重要手段之一。毋庸置疑，社区创意活动确实能够营造很好的市场氛围，但如果只单单依靠举办活动吸引眼球的话，并不能很好地刺激消费，引导消费者购买。如图9-3显示，宝能“太古城”在2010年4月中旬市场旺期时曾创下单周销售52套的成绩，但是在新政出台后其成交量急速下降，一路逐渐低迷。在5月区间内，成交量出现低潮期，甚至一度为零。而该楼盘5月份先后举办了各种形式的创意活动，如5月1日举办“珠江源头的故事”摄影展，5月8日结合母亲节送温馨好礼，5月22日举办安全社区讲座，5月30日结合六一节举办童年时光主题活动。基本一周一次创意活动，但并不能很好地提高销售成交套数。从这个角度分析，创意活动必须分清主次，单靠创意并不能很好地顾及市场整体需求。

图9-2　深圳市“宝能太古城”成交走势图（2010年3月～2010年7月）

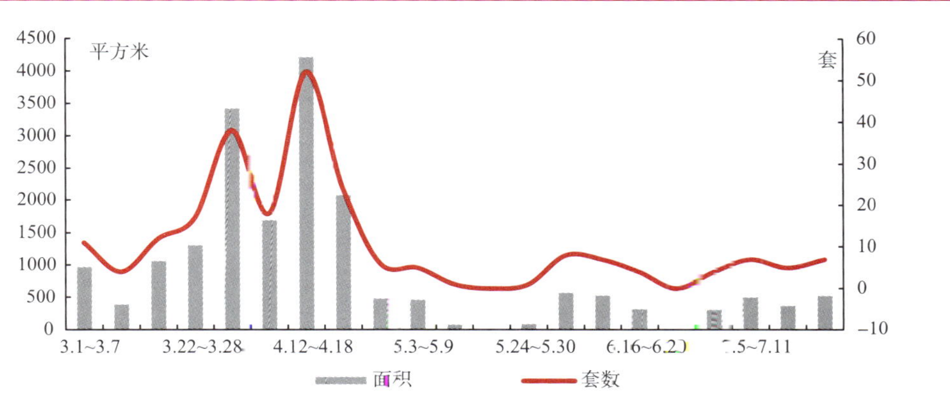

数据来源：深圳中原市场研究部。

营销调整不是一蹴而就的过程。深圳楼市经历低谷到逐渐保持均衡状态，经历了一个较长的时间周期。开发商从4月观望到6月扬起降价旗帜，运用了多种营销策略：如直接降价促消费，变相降价送优惠，创意活动建品牌等。

开发商对降价营销策略的选择，降价程度和时机的把握，很大程度上取决于市场销售的反应。通过消费者购买力积极与否的观察得出，大体开发商采取直接降价促销效果最明显。未来市场走势也偏好于以低价楼盘为畅销路线，同时配合品牌维护建设，注重营销手段多样化，发挥头脑风暴结合创意思维，更能从长期上保持质与量的稳定提升。

第10章　危与机并存　龙城地产面临新挑战

深圳中原市场研究部　沈英华

作为全市最年轻、最大的行政区以及之前深圳的关外区域，龙岗的房地产市场起步较晚，目前房价处于全市各区的洼地。但在土地供应有限的情况下，龙岗必定是未来房地产市场的主要供应区域。而作为龙岗政治、经济、文化和商业中心的龙岗中心城（龙城）是近年龙岗区住宅供应最多的片区。

2011年世界大学生运动会将在龙城举行，借“大运会”的东风，深圳市政府加大了对龙岗市政配套的投入。在大运场馆雏形初具、市政建设如火如荼，尤其是在特区扩容的“大深圳”背景下，龙城的房地产市场是否能在新政下突围？新形势下龙城的房地产市场又将如何发展？

10.1 三大产业支撑　区域配套不断升级

龙岗中心城由龙盛大道（北通道回龙埔段）、龙城大道、深惠路和刚开通的盐龙大道（北通道大运新城段）围合而成，同时，向西可以辐射东莞，向北可以辐射惠州，是深莞惠交汇处的一个辐射源。龙岗中心城是龙岗中心组团的核心区域，也是龙岗区委、区政府所在地，是龙岗的政治、经济、文化和商业中心，属深圳八大卫星城之一，而且是规划最早、发展最快的中心城，是政府重点开发区域。

图10-1　深圳市龙岗中心城位置图

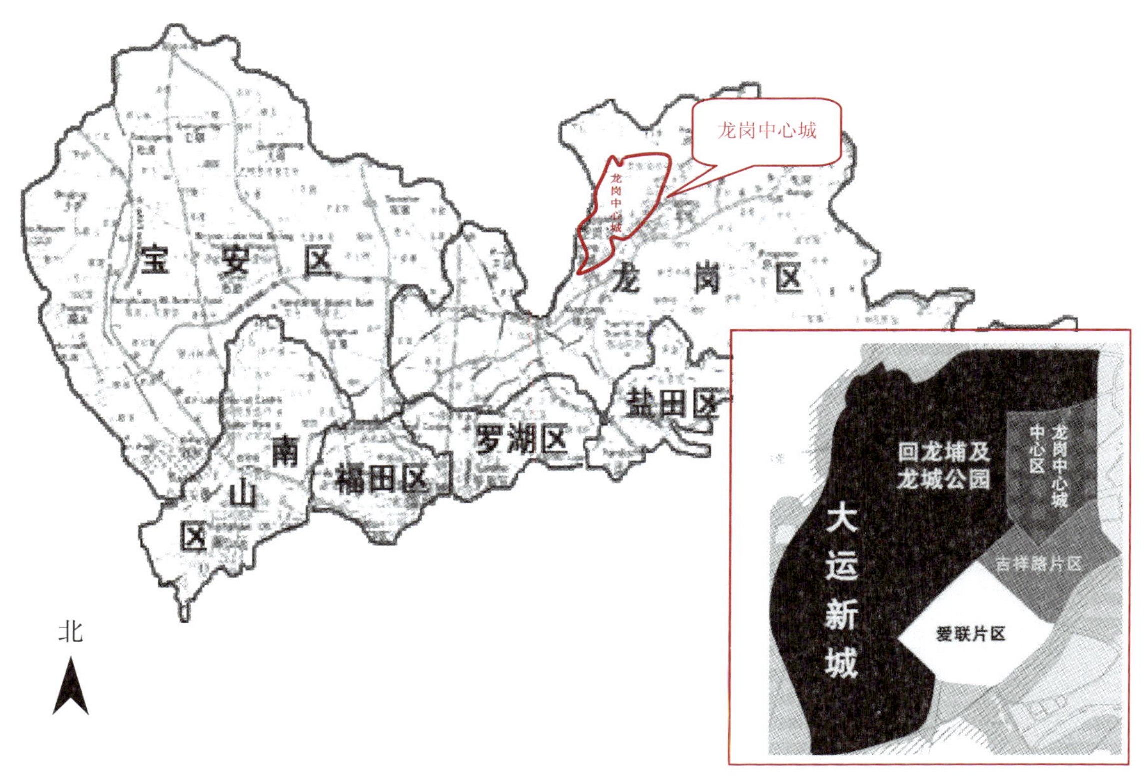

资料来源：深圳中原市场研究部。

根据龙岗中心组团的规划，龙城中心区是龙岗中心组团的中心区，为城市生活区重要组成部分，由现有的龙岗区人民政府、龙城广场、世贸商业中心等重要景观建筑组成。城市生活区除了作为全市的次级行政、商贸中心区外，还承担先进工业园区及高科技工业园区的生活配套功能。利用自身建设标准较高，生活配套设施齐备等优势，建设成为辐射龙岗中心组团周边地区的优质城市中心生活区；大运新城为主体的综合服务中心则是龙岗中心组团的副中心区，将发展成为集商业文化中心、高尚住区和直销市场区为一体的，服务于整个深圳市的体育新城。整个龙岗中心城则是龙岗中心组团的综合服务区，承担深圳市次级行政、文化、商业中心的功能，发展以居住、现代服务业和商业办公等功能为主。

深圳市龙岗中心组团主要片区概况　　表10-1

片　区	四　至	用地面积（万m^2）	居住用地占比
龙城中心区	吉祥路中路、龙平西路、龙城大道和深惠路	287.68	34%
大运新城	机荷高速、深惠路、黄阁路和盐龙大道	854.80	约50%
回龙埔及龙城公园	黄阁路以东、龙盏大道以南、龙城北路和吉祥北路以西、龙平西路和深惠路以北的区域	1000	60%

资料来源：深圳中原市场研究部。

经济产业方面凸现三大新兴产业。大运会将带来丰富的体育设施，使其成为全市体育设施最全、水准最高、规模最大的区域，“体育经济”可能是未来一种新兴的经济产业；规划中高交会馆将落址体育新城，将带动当地的高科技产业发展，“会展经济”可能开辟新的经济增长点；随着信息学院、体育学校等高等院校的建成并投入使用，龙岗中心城其教育设施和教育水平将更上一层楼，更完善的含初等、中等和高等教育的教育城将形成，“教育经济”也将是一个新兴的产业。

区域房地产发展方面，龙岗中心城有丰富的山体资源，自然环境优美，是深圳规模最大的一个生态居住区。随着大运会和深圳扩容等利好的到来，区域各项配套不断完善、升级，房地产市场发展潜力巨大。

10.2 起步晚发展快　价格仍处洼地

龙岗中心城房地产市场发展历史短、起步晚、起点高，开发商开发意识及客户接受新生事物的意识较快。从早期的以解决区域内自住为主需求的封闭市场，已经转变为现在的自住和投资相并重的开放型市场。近两年品牌开发商集中进驻，购房者不仅是龙岗本地客，外来客户也在逐渐增加。

10.2.1 龙城房地产市场三大发展阶段

龙岗中心城的发展大致可分为三个阶段，分别为2003年以前的初级起步阶段、2004～2006年的稳步发展阶段和2007年至今的快速发展阶段。区域房地产市场的发展具有起步慢、起点高、发展迅猛和产品创新意识快等特征。

深圳市龙岗中心城房地产市场发展阶段图　　表10-2

发展阶段	时　间	特　征	代表性项目
初级起步阶段	2003年以前	此阶段的楼市实行购房入户政策，项目大多为大社区，产品户型大，项目比拼豪气，购房客户以本地人为主	新亚洲花园、紫薇花园、碧湖花园
稳步发展阶段	2004～2006年	随着龙岗中心组团城市化进程的全面启动，龙岗中心城被定位为深圳的城市次中心，带动区域楼市进入稳步发展通道。该阶段品牌发展商逐步进驻，社区环境成为重要因素，产品大面积赠送，户型不断创新，复式和板楼较多，产品的素质大幅提高	罗马公园、招商依山郡、天健郡城、中央阅城、东方沁园、花半里、尚景欣园、龙翔花园

续表

发展阶段	时间	特征	代表性项目
快速发展阶段	2007年至今	2007年年初深圳成功获得2011年世界大学生运动会的举办权，这给龙岗中心城的楼市发展带来了重大的契机，在市政配套和基础设施的不断完善下，区域的房地产市场发展迅猛，房价涨幅快速，物业类型也开始多样化，奥体板块物业、地铁沿线物业成为市场热点，板块营销的概念开始突出，品牌发展商集中进驻。整个阶段楼市经历了上升－回调－加速上升和高位调整的过程	奥林华府、公园大地、万科清林径、中海康城花园、深业紫麟山、阳光天健城、绿景大公馆

资料来源：深圳中原市场研究部。

经过近几年的快速发展，龙岗中心城的住宅市场已非常成熟。产品种类丰富，高层普通住宅为主，多层、小高层普通住宅、高档物业和别墅物业为辅；项目户型齐全，从单房到别墅各种户型都有所涉及，其中以2～4房的平层产品为主，跃式、复式、别墅户型为辅，单房和5房及以上户型也偶尔出现。除了物业类型、户型结构外，项目的建筑风格、园林设计也不断创新，产品品质已较高。现在的龙岗中心城已成为深圳楼市的热点区域之一，将是未来住宅供应的主要区域。

10.2.2 供求两旺　价格涨幅全市最低

图10–2　深圳市龙岗中心城住宅供需关系图（2006～2010年上半年）

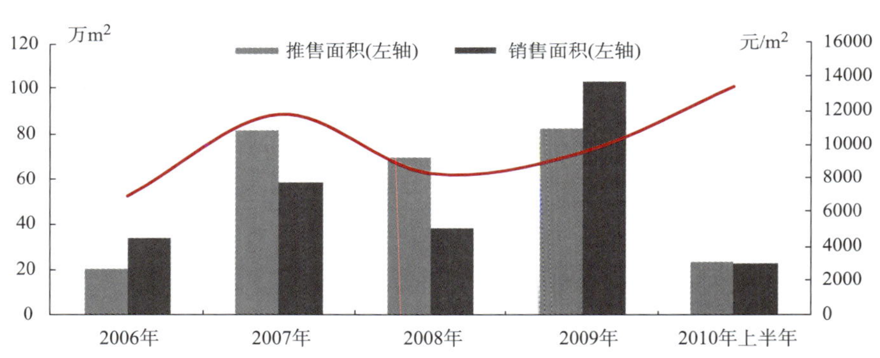

注：供求比＝推售面积/销售面积。
数据来源：深圳中原市场研究部。

除2008年受宏观调控影响外，2006年至2009年，龙岗中心城的住宅供应量呈现逐年上升的趋势，成为全市新房供应的主要区域。与之相对应，成交量也是连续攀升，受到“大运会”等利好因素的影响，2009年龙岗中心城住宅成交量更是创下新高。2010年则受到政策影响，市场陷入低迷。

价格方面，尽管2010年龙岗中心城住宅的成交价格较2009年涨幅接近40%，但和其他中心区域的房价比，龙岗中心城的房价仍处于低洼水平。并且在“国十条”出台后，区域房价呈现出了企稳甚至下降的趋势，“千林山居”、“阳光天健城”、“君悦龙庭”和“东方沁园”等项目的价格明显回调。

就供求状况来看，2010年上半年市场供求比接近理想的平衡状态，但实际楼市并不活跃。目前的供求平衡主要是因为住宅供应出现了断档，因严厉的调控政策，市场观望情绪浓厚，成交低迷，开发商也延后了销售导致供应不足。事实上不少项目早就达到了销售条件，但因政策影响，开发商推迟了入市时间。从市场现状来看，只有降价的项目，成交才约有起色，预计成交量低迷的现象将持续一段时间。

10.3 供应充足　销售竞争日趋激烈

10.3.1 存量巨大　后续供应充足

截止2010年6月底，龙岗中心城片区住宅的存量较大，住宅存量面积接近30万m^2，约占整个龙岗区住宅存量的45%。存量主要集中在“公园大地”、“阳光天健城”、“徽王府”、“中海康城花园”、“万象天成”和“深业紫麟山”等11个项目。如按照上半年龙岗中心城的销售量算，存量约需要8个月的时间消化，但新政后项目的销售速度明显放缓，成交量萎缩，可见存量将给后市带来较大的销售压力。

深圳市龙岗中心城住宅存量概况（2010年6月底）　　表10-3

项目名称	存量面积（m^2）	均价（元/m^2）	开发商
东方沁园	9880	13500	万科地产
中海康城花园	29878	12000	中海地产
公园大地花园	62100	16000	鸿荣源地产
万象天成	25055	10500	东部集团
君悦龙庭	18480	12000	龙光地产
千林山居	8769	高层10000/空中别墅20000/别墅38000	万科地产
奥林华府	14540	14500	华讯伟鸿
绿景大公馆	14592	15000	绿景地产
阳光天健城	35464	13500	天健地产
深业紫麟山	18941	30000	深业（集团）
徽王府	53820	8500	创展置地实业
合计	291519	——	——

数据来源：深圳中原市场研究部。

2010年下半年，龙岗中心城预计有“朝阳里雅苑”、“御邸名筑”、“星河时代花园”、“八意府”和“汇龙天下”5个项目首次发售住宅单位，另外，“深业紫麟山”、“绿景大公馆”、“阳光天健城”、“家和盛世花园”、“中海康城花园”、“东方沁园”、“千林山居”和“公园大地”等项目也将陆续加推住宅单位。住宅新增供应量约70万m^2，供应充足。随着旧改项目的入市，预计2011年龙岗中心城的供应量约110万m^2，后期供应稳定且充足。

深圳市龙岗中心城住宅新增供应情况统计（2010年下半年）　　表10-4

项目名称	预计新增供应面积（万m^2）	预计入市时间	开发商
朝阳里雅苑	3.20	9～10月份	裕德丰投资
御府名筑	8.50	9～10月份	城龙房地产
星河时代花园	10.00	10月份	星河地产
八意府	8.00	9～10月份	尚模发展
汇龙天下	4.40	9～10月份	雪麟实业
紫麟山3期	6.00	10～11月份	深业（集团）
绿景大公馆	2.50	下半年持续加推	绿景地产
阳光天健城	6.40	下半年持续加推	天健地产

续表

项目名称	预计新增供应面积（万 m^2）	预计入市时间	开发商
家和盛世花园	5.20	下半年持续加推	铭兴实业
中海康城花园	3.30	9～10月份	中海地产
千林山居	8.00	下半年持续加推	万科地产
东方沁园	3.50	8～9月份	万科地产
公园大地花园	1.00	下半年持续加推	鸿荣源地产
合计	70.00	—	—

数据来源：深圳中原市场研究部。

10.3.2 后期销售压力大

龙岗中心城相比处于关外的宝安中心区、龙坂中心区而言，除了教育资源有一定的优势外，交通路网、市政配套和整体规划等资源还是存在一定的差距，区域竞争力较弱，这些因素在目前都阻碍了龙岗中心城房地产市场的发展。

而数据显示，2010年下半年龙岗中心城一手住宅可售量约为100万 m^2，可售量巨大。按照2010年上半年的销售速度，需要近27个月的时间消化，即使按照市场火爆的2009年的销售速度，也需要近一年的时间消化，可见龙岗中心城住宅的销售形势严峻。

短期内，因住房供应量大且调控政策仍较严，预计房价洼地将持续，2010年下半年在政策不变的情况下，随着供应的大幅增加，使得市场销售压力巨大，房价甚至有回调的可能。长期看，随着开发高峰的过去，片区的新增开发会逐渐减少，供应也将随之减少，同时各种配套设施也逐步兑现，新的经济增长点开始显效，片区价值和房价将会重估。区域的房价受益于强大的城市发展动力而具有一定的发展空间。

10.3.3 龙岗中心城房地产市场未来发展指引

着重区域联合经营：由于竞争压力大，目前龙城的开发商都执行单飞的策略，各自为政，没有联合起来进行区域经营，今后企业间可加强合作。

品质营销是关键：在机遇和挑战并存的市场，营销和产品素质决定一切！区域某项目，总建面高达82万 m^2，就是因为产品品质较高且营销方式精准才使其价格引领全区的同时持续热销。

提供住户巴士：龙岗中心城的交通是房地产发展的瓶颈，而通过试验，广州大盘项目基本在郊区，专线巴士成为郊区大盘的热销利器，龙岗中心城也可采用该模式来改善目前的交通缺陷，为项目提供足够的交通便利。

资源强化利用：现有高中教育资源是龙岗中心城对比其他关外区域的优势，发展商应大力宣传区域教育优势；大运会将会给片区增加很多体育及配套设施，开发商可与政府合作，利用会后空置场馆及其他设施，增强片区生活配套，为居民提供休闲锻炼场所。

各组团适宜产品功能区分：根据各个组团的现实及未来发展，定义各片区主流物业类型。大运新城区是最具潜力板块，适合发展主流高端产品，而中心区、回龙埔及龙城公园区是综合素质价值最高的板块，是商业配套最齐全区域，适合发展豪宅和创新性、高赠送率和高性价比产品。

广州郊区热销大盘业主自担费用住户巴士情况举例　　表10-5

项　目	地　址	专线巴士情况	项目至广州市区时间变化	使用方式
华南碧桂园	番禺区 华南快速干线迎宾路段	停靠昌岗停车场、天河宏城广场、泮溪酒家	公交车约1小时 楼巴约20分钟	200元/月 8元/次
华南新城	番禺	停靠花园酒店等站	公交车约1小时 楼巴约20分钟	5元/次 150元/月
奥园	南沙	停靠市内多个地方	公交约1.5小时 楼巴约30分钟	5元/次 150元/月
南沙碧桂园	南沙	停靠昌岗停车场、宏城广场、泮溪酒家	公交约1.5小时 楼巴约30分钟	200元/月 8元/次

数据来源：深圳中原市场研究部。

第11章 深圳市小户型住宅研究

深圳中原市场研究部 陈 璨

11.1 小户型定义及特点

小户型一直以来，并没有一个标准定义，不同的地域、不同的时期、不同的消费群体，对小户型都有着不同的理解。本章对小户型的划分以面积为基准，界定为90m^{2}以下，涵盖了单房、两房、三房以及复式。小户型虽然面积不大，但功能齐全，配套设施良好，能满足家庭生活的基本需求。

目前统称的小户型一般包含三种类型的楼盘。

一是普通住宅。用地性质为居住用地，也是我们接触最多的类型，产权年限为70年，面积小，但功能完善，购房门槛也不高，具有良好的周边配套和升值空间，最能吸引白领、首次购房者或有过渡需求的置业者。

二是商务公寓。用地性质为综合性用地或商业用地，根据土地用途，有的可注册公司，作为商务写字楼，有的则兼具居住和办公的用途。产权年限为50年或40年。一般位于城市核心地段及商务中心区，价格相对低于写字楼，物业管理侧重于商务方面。自月客户以中小企业及创业者为主，投资客户看重的则是作为商住型出租，投资回报率高，升值潜力大。

三是酒店式公寓。用地性质为商业用地，产权年限多为40年。装修参照星级酒店的标准建造，档次较高，多处在城市的繁华地带，并聘请知名物管或酒店管理公司进行管理。目标客户以企业高管、外籍人士、商务人士为主，这部分人群常由于商务等原因，在某个城市进行中短期逗留，常会选择这类型公寓代替住酒店，不仅生活方便，还相对于居住酒店节省费用。

以上三种楼盘尽管形式上都属于小户型，但除了单套面积小之外，所面对的客户以及楼盘本身配置的设施则完全不同，属于截然不同的三种产品。

虽然小户型有着截然不同的分类，但也具有一些共同的特点：

- 建筑面积小，空间安排紧凑，但公摊面积较大。
- 总价低、首付少、月供压力小。
- 房屋设计合理，功能齐全，能满足基本生活需求。
- 一般都位于交通便利、配套齐全的市中心区、商业区或旅游区。

11.2 深圳市小户型市场现状

11.2.1 需求人群特征

通常，小户型由于面积小总价低，因此主要的购买对象是以年轻白领和新婚小家庭这类需求为主，具有一定的过渡性。但是近年来，一批档次较高，或用于投资或用于休闲的小户型公寓正在兴起。目前，深圳市小户型住宅的主要客户群有以下几类（见表11-1）。

深圳市小户型市场需求人群特征 表11-1

人　群	主要特征
年轻白领	他们年轻、时尚、收入颇丰，向往轻松、自由、零压力的生活，家对于他们可能更大意义是休息之所，而更多的活动空间和社交空间尽可能转移到公共场所
新婚小家庭	他们刚结婚或准备结婚，因为年纪较轻，收入有限，只得选择在经济承受范围内的小户型作为首次置业或过度之选
成功的智富人士	他们多会选择一些档次较高的小户型或酒店式公寓，作为投资或休闲度假之用
创业者、soho一族	他们正处于创业的起步阶段，资金有限，人数也不多，事业还未形成规模，他们大多选择商务型或商住两用型的小户型实现自己的梦想

资料来源：深圳中原市场研究部。

11.2.2 小户型项目特征

在小户型项目的选择上，不论是哪一类的置业者，都比较看重小户型的投资回报率，因为对于自住者，小户型是过渡性产品，在关注实用性外也要考虑未来的升值空间。而对于投资者而言，更有理由关心投资回报率。因此，目前相对热销的小户型项目，呈现出以下两项主要特征。

第一、位于交通便利、配套完善的区位，或有改善规划的待开发区，例如“财富港大厦”紧邻地铁5号线，“天健时尚空间”临近1号线和5号线的3个地铁出口，“七街公馆”位于地铁2号线香梅北站附近。

第二、以大社区为依托，能满足基本的购物、银行、教育、餐饮、娱乐等功能，甚至有较好的景观。如位于宝安中心区的花样年华郡，住宅与商业供应量共2280套，小区内外商场、超市、酒吧、运动场所、图书馆等配套一应俱全，生活在此的小区居民可感受到生活的便利性和舒适性。

11.3 政策扶持　小户型市场日益壮大

从居住层面来看，出于舒适性考虑，户型面积自然是越大越好。另一方面从开发角度来说，开发小户型，难度和工作量并不比大户型少，而且需要更多的配套，又会增加成本，但收益却不能相提并论，因此，开发商们往往倾向于开发豪宅、别墅等大户型楼盘，以求利益和品牌价值最大化。

新政之后，政府通过“实行更为严格的差别化住房信贷政策”，对房地产市场进行宏观调控。新政要求，“对购买首套自住房且套型建筑面积在90m^{2}以上的家庭，贷款首付款比例不得低于30%”。这一政策的出台，不论对于购房者还是开发商，无疑都是一重大利空，一方面打击了拥有多套房产的投资客、炒房客，增加了他们炒房的资本门槛；另一方面，也打击了开发商开发、推售大户型住宅的积极性。自新政出台以来，原本计划推售的大户型住宅，如“鼎太风华·奥斯卡”、“紫园”、“天涛轩”、“爱琴湾”等，纷纷以各种理由，拖延开盘时间。

11.3.1 小户型供应比重快速上升

突如其来的新政，一时间使得深圳房地产开发商推售大户型的态度变得谨慎起来，住宅市场整体新增推盘量也急剧压缩，从4月新增住宅供应4208套，降到5月的不足2000套。与之相对应，小户型的推售比例却呈上升趋势，“侨城馨院”、“天健时尚空间”、“花样年华郡”等一批小户型项目竞相推出。根据中原统计，2010年4月以来，深圳市新增住宅供应中，小户型比重逐月大幅增加，由4月的62.93%增加至6月的98.7%。

深圳市小户型新增供应占比表（2010年4月～2010年6月） 表11-2

	4月	5月	6月
每月新增住宅供应（套）	4208	1988	2418
其中小户型住宅（套）	2648	1728	2386
小户型住宅占比	62.93%	86.92%	98.68%

数据来源：深圳市规划和国土资源委员会。

11.3.2 新政后两个月深圳市小户型成交情况

差别化的住房信贷政策，也给投资客心理蒙上一层阴影，投资成本的增加一定程度制约了他们炒房的步伐，刚性需求者逐渐入市。而小户型的种种优势此时也凸现出来，小户型成为首次置业的刚性需求者最受欢迎的产品。再加上新政的影响，小户型供应快速增加，从而导致新政后两个月小户型成交占了绝对优势，尤其是2010年6月份，全市小户型成交比例达89%以上，甚至以大户型豪宅别墅成交为主的区域盐田甚至没有一套大户型成交。

深圳市小户型成交占比表（2010年5月） 表11-3

	福田	罗湖	南山	盐田	宝安	龙岗	全市合计
每月住宅成交（套）	33	39	484	6	598	260	1420
其中小户型住宅（套）	32	8	473	2	354	182	1051
小户型住宅占比	96.97%	20.51%	97.73%	33.33%	59.20%	70.00%	74.01%

数据来源：深圳市规划和国土资源委员会。

深圳市小户型成交占比表（2010年6月） 表11-4

	福田	罗湖	南山	盐田	宝安	龙岗	全市合计
每月住宅成交（套）	21	59	195	10	414	617	1316
其中小户型住宅（套）	19	50	184	10	361	550	1174
小户型住宅占比	90.48%	84.75%	94.36%	100.00%	87.20%	89.14%	89.21%

数据来源：深圳市规划和国土资源委员会。

11.4 深圳小户型住宅发展趋势与市场展望

随着城市经济的蓬勃发展，进入城市的就业人口越来越多，对住房的需求也越来越旺盛，尤其是在深圳这样一个住房供需严重不平衡的城市，在有限的土地资源下，为尽可能地满足人们的住房需求，势必需要增加小户型的供应，以适应不断增加的置业者。展望未来，深圳小户型的发展将呈现以下趋势。

首先，实用性兼舒适性。从结构设计到室内装修，越来越注重创新性、实用性和舒适性。厅、室、厨、卫、阳台各功能齐全，采光、通风、明厨明卫，舒适性配置一应俱全，此外，减少公摊、充分发挥小空间的最大利用率，也是小户型一直在改进的地方。

其次，小户型大社区。以前的小户型很多以单体建筑为主，规模小、配套少。而今后的小户型将更多以大社区为依托，在配套上、服务上以及社区景观上都有很大改善。

再次，精装修小户型。现在很多开发商都向市场推出了精装修小户型，受到市场的欢迎，很适合首次置业的年轻人以及投资者，这也将成为今后小户型的发展方向。

最后，产业化生产。随着建筑科学的向前发展，目前有开发商已经开始尝试产业化生产，这也无疑是今后的发展趋势。

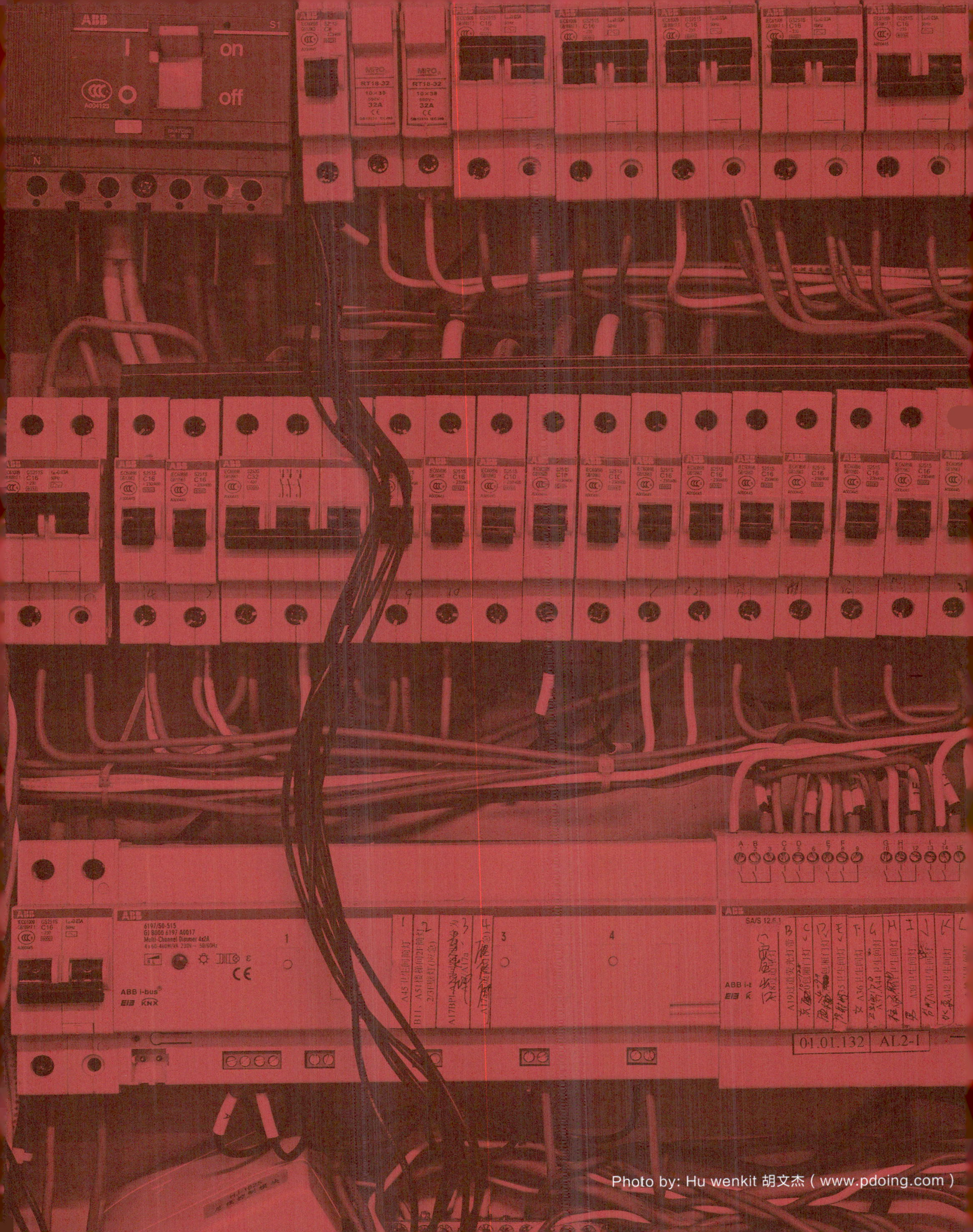

Photo by: Hu wenkit 胡文杰 (www.pdoing.com)

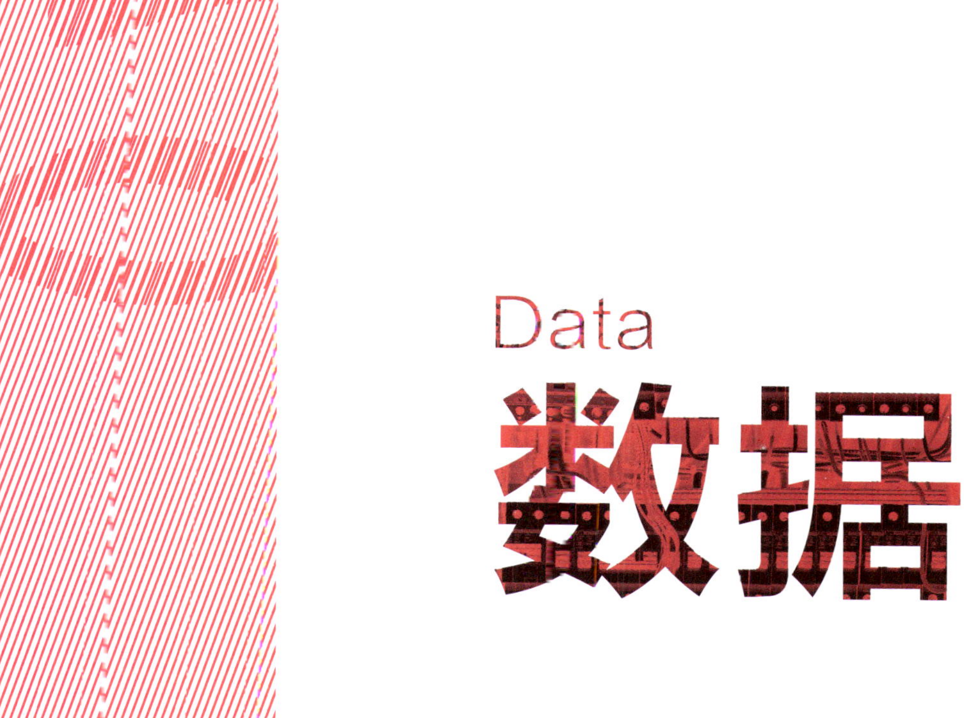
Data
数据

深 圳 | SHENZHEN

地产数据

第12章　地产数据

12.1 房地产投资环境

深圳市历年房地产市场主要指标表（2009～2010年上半年）　　表12-1

指　标	2009年	2010年上半年
GDP（亿元）	8201.23	4215.57
GDP增长率（%）	10.70	11.60
固定资产投资额（亿元）	1709.15	727.25
房地产投资额(亿元)	437.46	205.71
住宅投资额(亿元)	289.78	137.78
写字楼投资额(亿元)	35.34	16.52
商铺投资额(亿元)	53.22	27.11
商品房施工面积(万m^2)	3112.36	2637.64
住宅施工面积(万m^2)	2087.47	1811.86
写字楼施工面积(万m^2)	189.09	166.74
商铺施工面积(万m^2)	323.27	271.53
商品房新开工面积(万m^2)	492.40	273.05
住宅新开工面积(万m^2)	328.04	224.83
写字楼新开工面积(万m^2)	31.79	2.69
商铺新开工面积(万m^2)	61.05	18.76
商品房竣工面积(万m^2)	402.01	198.22
住宅竣工面积(万m^2)	269.54	153.36
写字楼竣工面积(万m^2)	25.05	5.88
商铺竣工面积(万m^2)	32.20	15.21
商品房销售额(亿元)	1113.38	360.87
住宅销售额(亿元)	1032.28	316.69
写字楼销售额(亿元)	40.99	18.54
商铺销售额(亿元)	33.62	13.08
商品房销售面积(万m^2)	762.15	203.16
住宅销售面积(万m^2)	717.39	177.87
写字楼销售面积(万m^2)	19.63	7.87
商铺销售面积(万m^2)	18.07	6.81

资料来源：深圳市统计局。

深圳市主要房地产政策一览表（2009～2010年）　　表12-2

政策名称	颁布日期	实施日期	发布单位	对房地产市场的影响
《深圳市住房公积金制度改革方案》	2009-06-18	2009-06-18	深圳市国土资源和房产管理局	深圳市以前的住房公积金制度基本上处于缺失状态，此改革方案的实行，将会受惠深圳市所有户籍人口，购房如果通过住房公积金的方式来贷款，可以享受比银行贷款更低的利率，将为购房人省下不少利息支出
《关于进一步规范房地产贷款业务的通知》	2009-08-12	2009-08-12	深圳市银监局	规范购买二套房贷款的条件，改善型住房按照首套房贷款办理，以未结清第二套非普通住房为界定标准

续表

政策名称	颁布日期	实施日期	发布单位	对房地产市场的影响
《关于严禁为违法建筑销售行为提供公证和律师见证服务的通知》	2009-09-07	2009-09-07	深圳市司法局	对违法建筑的六种公正和律师见证服务提出禁止，从违法建筑的销售环节来打击违建行为
《关于贯彻落实国务院关于坚决遏制部分城市房价过快上涨的通知》	2010-05-06	2010-05-06	深圳市人民政府	5月6日，深圳出台“新国十条”执行细则，规定商业银行根据风险状况，暂停发放购买第三套及以上住房贷款；对不能提供一年以上本市纳税证明或社会保险缴纳证券的非本地居民暂停发放购买住房贷款
《深圳市房地产市场监管办法》	2010-07-09	2010-09-01	深圳市人民政府	规范了开发商开发资金及预售资金的使用，有望促使开发商加快供应节奏；规定须明码标价销售商品房且销售价格调整超过备案价格15%须重新备案，且价格监管部门应制定相应操作细则指导定价；规定了不得为交易当事人规避房地产交易税费或者其他非法目的，就同一房地产签订不同交易价款的不同合同提供便利，并规定违规一单罚5万
《转发财政部 国家税务总局关于个人住房转让营业税政策的通知》	2009-01-04	2009-01-04	深圳市地方税务局	个人将购买不足2年的非普通住房对外销售的，全额征收营业税；个人将购买超过2年（含2年）的非普通住房或者不足2年的普通住房对外销售的，按照其销售收入减去购买房屋的价款后的差额征收营业税；个人将购买超过2年（含2年）的普通住房对外销售的，免征营业税，执行时间以过户日为准
《关于土地增值税核定征收有关问题的通知》	2009-10-20	2009-10-20	深圳市地方税务局	对普通标准住宅销售收入核定征收率为6%，对非普通标准住宅销售收入核定征收率为8%，对写字楼、商铺销售收入核定征收率为10%，对其他类型房地产销售收入核定征收率为5%。核定征收税款包含已预征税款
《关于受理房地产领域违规变更规划、调整容积率问题群众举报的公告》	2009-08-03	2009-08-03	深圳市房地产开发领域违规变更规划调整容积率问题专项治理工作领导小组	对2007年1月1日～2009年3月31日期间领取规划许可的所有房地产项目进行专项清理，对涉及容积率调整和规划变更的进行专项检查。为充分发挥社会公众的监督作用，深入有效地做好本次专项治理工作，领导小组决定设立公开举报电话和举报信箱，专项受理房地产领域违规变更规划、调整容积率问题的群众举报
《关于审理二手房买卖合同纠纷案件若干问题的指导意见（初稿）》	2009-07-01	2009-07-01	深圳市中级人民法院	《意见》出台后，二手房交易双方可以在合同中附加条款，因一方违约导致另一方订立房屋买卖合同目的不能实现，另一方主张差价损失的，予以支持。双方对房屋差价有约定的，从约定；没有约定的，以法院委托的评估机构对起诉之日的房屋市场价与双方约定的房屋买卖价款之间的差价确定损失。与此同时，《意见》还对共有房产违约、阴阳合同避税、预约合同执行等情况进行了规定，规范了二手房交易市场的交易规则
《关于公布深圳市享受优惠政策普通住房价格标准的通告》	2009-02-22	2009-02-22	深圳市国土资源和房产管理局	深圳市确定的享受优惠政策的普通住房标准应同时满足以下三项条件：住宅小区的建筑容积率在1.0以上；单套住房建筑面积144m^2以下(含144m^2)；实际成交价格低于同级别土地上住房平均交易价格1.2倍以下。超过最低标准价格将按照3%的税率征收契税

资料来源：深圳中原市场研究部。

12.2 土地市场

深圳市历年土地出让主要指标表（2009~2010年上半年） 表12-3

	土地公告情况			土地成交情况			
	宗数	占地面积（万m^2）	建筑面积（万m^2）	宗数	占地面积（万m^2）	建筑面积（万m^2）	土地出让金额（亿元）
2009年	92	341	792	54	221	537	122
2010年下半年	19	124	225	33	137	289	29

数据来源：中原集团研究中心。

图12-1 深圳市最值得关注的12大地块区位分布图（2009~2010年上半年）

2009年				2010年上半年			
	地块名称	关注点	关注信息		地块名称	关注点	关注信息
1	宝安大道西侧、航城大道北侧	建筑面积最大的定向出让地块	建筑面积：19.11万m^2	1	南山区科苑南路	深圳第一宗地铁上盖的商业性公共设施用地	将建成首个地铁上盖的都市综合体，也是科技园片区第一个综合体项目
2	宝安宝城26、27、28区	总价最高	成交总价：26.10亿元	2	龙岗区南澳街道桔钓沙片区	竞争最激烈的非住宅用地	报价长达115轮
3	宝安尖岗山	楼面地价最高	楼面地价：18875元/m^2	3	坪山新区聚龙山地区	多次流标后终成交的“三限地”	限定地块的购买对象、限定未来商品房的购买对象、限定商品房的最高售价
4	龙岗区龙岗镇南联村	溢价率最高	溢价率：242%				
5	龙华街道东环二路北	条件苛刻的退地重推地块	2005年曾因迟迟未动工而被政府收回，重推后要求必须按国家“五星级”酒店标准设计				

续表

	2009年			2010年上半年			
	地块名称	关注点	关注信息		地块名称	关注点	关注信息
6	龙岗中心城回龙埔社区	龙岗区总价最高	成交总价：8亿元				
7	福田区南园爱华路西侧	福田区单价最高	楼面地价：4519元/m²				
8	光明街道公园路南侧、二十七号路北侧	光明新区第一宗公开出让地块	吸引了多家品牌房企参与竞买				
9	宝安观澜横坑水库片区	观澜土地出让楼面地价最高	楼面地价：8617元/m²				

资料来源：深圳市土地房产交易中心、深圳中原市场研究部。

深圳市最值得关注的10大成交地块（2009年） 表12-4

建筑面积最大的定向出让地块							
开发商	地块名称及位置	土地编号	土地面积（万m²）	用地性质	成交总价（亿元）	楼面地价（元/m²）	溢价率（%）
深圳市南方航空经济发展有限公司	宝安大道西侧、航城大道北侧	A115-0131	8.10	居住用地	2.63	1377	0
地块点评	关注点描述：地块为航空产业扶持配套用地，要求开发的商品住房均采用限价销售的方式，最高销售价格为本宗地开发竣工并取得房地产权证时同片区、同类型、同品质商品房评估市场价格的80%（评估价格由开发建设单位委托有资质房地产评估机构确定并报市物价局、市国土房产局备案）。宗地所开发商品住房的销售、出租及转让对象仅限于从事航空运输专业人才和高级管理人员。且要求上述人员自取得房地产权利证书之日起10年内不得转让。此外要求竞买人必须是在深圳宝安国际机场经营客货或货运运输业务的基地航空公司。地块为2009年出让的建筑面积最大的地块，建成的商品房采取限制购买对象和限价的方式发售						
	区域及规划优势：该地块属于碧海片区，靠近碧海公园，临近地铁1号线站点，位置较偏僻，周边配套较差						
	周边地块及楼盘价格对比：周边暂无住宅项目，且该地块建成的商品房不仅限制了购买对象，还限价发售，片区项目价格的参考性不强						

总价最高的出让地块							
开发商	地块名称及位置	土地编号	土地面积（万m²）	用地性质	成交总价（亿元）	楼面地价（元/m²）	溢价率（%）
深圳市中洲宝城置业有限公司	宝安宝城26、27、28区	A009-1285 A009-1286 A009-1289	4.20 3.39 1.49	商住混合用地 商住混合用地 商业及商务公寓用地	26.10	6429	45
地块点评	关注点描述：3宗地块捆绑出让，都是旧改项目，竞得人须按要求配建保障性住房，建成后由政府按多层（不带电梯）3000元/m²、高层4500元/m²进行回购。另外A009-1285、A009-1286宗地中，套型建筑面积90m²以下的住宅面积所占总住宅面积的比例须分别达到70%以上，其中保障性住房每套建筑面积控制在50m²以内 片区近几年基本没新房推出，地块的出让受到很多开发商的关注。地块的争夺主要在中洲宝城置业、佳兆业和万科之间展开，其中中洲宝城置业前期参与了拆迁工作，佳兆业在宝安尚未有项目开发，万科在宝安已售的项目只有两个，而位于深圳西岸的只有08年的别墅项目兰乔圣菲。本次拍卖竞价幅度为1000万元，3家公司共经过67轮的竞价，最终由中洲宝城置业以26.1亿元拿下，使其成为2009年出让总地价最高的地块						
	区域及规划优势：宝安新安紧邻南山区，离市区近，片区是宝安区的商业中心，生活配套成熟，而出让的地块正处于新安商圈的核心位置，周边有国美电器、苏宁电器、天虹商场、海雅百货、人人乐等大型商场，且距离在建的地铁5号线很近						
	周边地块及楼盘价格对比：地块在2009年6月份出让，时隔一年后，宝安中心区的房价已升至20000元/m²，而西乡碧海中心区的价格也大多在13000元/m²以上，加上成交地价因为有部分参与旧改的开发商，实际成交地价要低于6722元/m²，因此项目未来仍有较大盈利空间						

续表

楼面地价最高的出让地块							
开发商	地块名称及位置	土地编号	土地面积（万 m^2）	用地性质	成交总价（亿元）	楼面地价（元/ m^2）	溢价率（%）
深圳招商华侨城投资有限公司	宝安尖岗山	A122-0332	2.34	居住用地	5.30	18875	39
地块点评	关注点描述：由于国务院已经下令不再新批别墅用地，导致现有的别墅类的资源严重稀少，因而使得更多的大型地产开发商加入竞价行列。此地块属于典型的稀缺供应，附近大片的土地已被深圳招商华侨城投资有限公司开发为招商华侨城曦城别墅。相信此地块为招商华侨城曦城别墅扩大了房源所需。曦城项目所处地块在2003年出让时就引起各大地产商争先恐后的竞价，而此次拍卖总共有28轮竞价，使得地块最后成交的楼面地价高达18875元/m^2，成为2009年出让楼面地价最高的地块						
	区域及规划优势：地块靠近深圳生态控制线，山景秀丽，片区规划住宅很少，且以低密度项目为主。由于临近广深高速公路西乡出口，业主进出市区也十分方便，仅需5分钟左右车程						
	周边地块及楼盘价格对比：目前在售的“招商华侨城曦城”联排别墅的均价大概50000元/m^2；独栋别墅均价约80000元/m^2						

溢价率最高的出让地块							
开发商	地块名称及位置	公告号	土地面积（万 m^2）	用地性质	成交总价（亿元）	楼面地价（元/m^2）	溢价率（%）
深圳市和正泰投资发展有限公司	龙岗区龙岗镇南联村	G09301-8	0.90	综合办公楼	0.66	3051	242
地块点评	关注点描述：地块位于龙岗镇，靠近龙岗中心城的位置，受大运会将在龙城举办的影响，近年片区的房地产发展迅速，片区现有的商业比较成熟，随着各大品牌发展商集中进驻龙岗地产市场，本地块也受到开发商的青睐，此次出让经过199次竞价，使其成为2009年溢价率最高的出让地块						
	区域及规划优势：根据龙岗中心组团的规划，地块属于规划的金融商务区。靠近深惠路，离地铁3号线双龙站点较近						
	周边地块及楼盘价格对比：地块附近暂无综合办公楼项目，稍远的“东方国际茶都”（商铺）的均价约20000元/m^2						

条件苛刻的退地重拍地块							
开发商	地块名称及位置	公告号	土地面积（万 m^2）	用地性质	成交总价（亿元）	楼面地价（元/ m^2）	溢价率（%）
深圳市松兴网络科技有限公司	龙华街道东环二路北	A826-0205	4.02	旅馆业用地	2.60	2590	0
地块点评	关注点描述：该地块在2005年曾被深圳市加际洲实业有限公司经过4轮竞价后以3.2亿元的总价竞得，但因迟迟未动工而被政府收回，2009年该地块重新挂牌出让，对地块要求必须按国家“五星级”酒店标准设计，地块上的商务办公部分可进入市场销售，在酒店未正式经营之前，酒店部分不得转让，依法转让的，只能整体转让，不能分割转让						
	区域及规划优势：龙华是深圳经济重镇，龙华新城是深圳未来几年重点发展的区域之一，虽然该地块与龙华新城有些距离，但其处于龙华中心区的位置同样有优势，周边配套成熟，生活、商务等氛围浓，离地铁站不远，加上龙华现在没有五星级酒店，因此该项目盈利前景还是比较乐观						
	周边地块及楼盘价格对比：龙华暂无五星级酒店						

续表

<table>
<tr><th colspan="8">龙岗总价最高的出让地块</th></tr>
<tr><th>开发商</th><th>地块名称及位置</th><th>公告号</th><th>土地面积（万m^2）</th><th>用地性质</th><th>成交总价（亿元）</th><th>楼面地价（元/m^2）</th><th>溢价率（%）</th></tr>
<tr><td>深圳市尚模发展有限公司</td><td>龙岗中心城回龙埔社区</td><td>G01020-0204
G01020-0205</td><td>3.87
3.91</td><td>居住用地</td><td>8.00</td><td>2586</td><td>51</td></tr>
<tr><td rowspan="3">地块点评</td><td colspan="7">关注点描述：建成后，需无偿返还15871m^{2}的商业和2698m^{2}的住宅给原住民，并提供14000m^{2}的保障性住房和13000m^{2}的华侨安置房给政府，政府按相应标准进行补偿
地块挂牌底价1713元/m^2，当时周边房价基本在7500元/m^{2}以上，出让底价不高，因此吸引多家开发商竞买，最后挂牌转拍卖。竞价活动主要在尚模公司、佳兆业地产和万科地产之间展开，每次竞价幅度200万，三家开发商总共经过110余轮的叫价，其中倒数第二次和第一次的叫价幅度分别达到3千万和2千万，最后尚模公司以2586元/m^{2}的楼面地价成功拿下地块，使其成为2009年龙岗区总价最高的出让地块，也是2004年以来龙岗成交总价最高的地块</td></tr>
<tr><td colspan="7">区域及规划优势：地块属于龙岗中心城片区，周边有区汽车总站、区人民医院、卫生防疫站、妇幼保健院、龙岗实验学校等，配套一般，商业、娱乐等设施较少，但与商业旺区的距离不算太远。地块周边没有景观，只可远眺山景，区位整体一般。但龙岗中心城是龙岗区的政治中心，区域环境好，且政府正在打造体育新城，未来前景较好</td></tr>
<tr><td colspan="7">周边地块及楼盘价格对比 地块在2009年4月出让，2010年7月龙岗中心城的房价已升至13000元/m^{2}左右，地块周边的“君悦龙庭”房价约11000元/m^2，周边其他项目的均价也都在10000元/m^{2}左右，大多数项目已无房可售。扣除回迁房、保障性用房、安置用房及社区配套等的影响，地块实际可售楼面地价2687元/m^2，由于该地块在05年已经由尚模公司负责拆迁工作，地块的成交价中将有部分返还给尚模公司，因此实际成交的楼面地价小于2687元/m^2，项目仍有较大的盈利空间</td></tr>
</table>

<table>
<tr><th colspan="8">福田单个最高的出让地块</th></tr>
<tr><th>开发商</th><th>地块名称及位置</th><th>公告号</th><th>土地面积（万m^2）</th><th>用地性质</th><th>成交总价（亿元）</th><th>楼面地价（元/m^2）</th><th>溢价率（%）</th></tr>
<tr><td>深圳市心海投资发展有限公司</td><td>福田区南园爱华路西侧</td><td>B123-0001</td><td>0.58</td><td>居住用地</td><td>0.84</td><td>4519</td><td>65</td></tr>
<tr><td rowspan="3">地块点评</td><td colspan="7">关注点描述：项目建成后需将其中120套住宅、共计12863.87m^{2}的建筑面积无偿移交给区政府，其实际可售的建筑面积只有3176m^{2}住宅和2200m^{2}商业。但因福田中心区2001年以来很少有土地供应，每年至多1、2宗地出让，且规模普遍很小，05−08年出让的商住用地，总建筑面积不过5万m^2，因此，该地块的挂牌吸引了8家企业（含1个自然人）参加，经过近30轮的竞价，最后由前期拆迁方深圳市心海投资发展有限公司获得，成交价8360万元，溢价幅度65%，可售楼面地价达15551元/m^2，成为福田区单价最高的出让地块</td></tr>
<tr><td colspan="7">区域及规划优势：地块靠近华强北商圈，该片区经历了多年发展，现日趋成熟。附近的配套设施完善，并且是深圳市最繁华的三大商业集中区域之一，交通方便。拥有高度集中的百货业、餐饮业、写字楼等，便于附近居民的消费和生活需求</td></tr>
<tr><td colspan="7">周边地块及楼盘价格对比：地块周边的二手房楼龄较高，不具可比性。离地块最近的“御河堤”项目2010年的售价已经达到28000元/m^2。而本地块最吸引买家的应是其商业部分，周边商业售价至少在3~4万元/m^{2}以上，且因涉及地价返还拆迁方的问题，实际成交的价格将低于15551元/m^2，开发商仍有盈利的可能</td></tr>
</table>

<table>
<tr><th colspan="8">光明新区第一宗公开出让地块</th></tr>
<tr><th>开发商</th><th>地块名称及位置</th><th>公告号</th><th>土地面积（万m^2）</th><th>用地性质</th><th>成交总价（亿元）</th><th>楼面地价（元/m^2）</th><th>溢价率（%）</th></tr>
<tr><td>深圳经济特区房地产（集团）股份有限公司</td><td>光明街道公园路南侧、二十七号路北侧</td><td>A510-0131
A511-0025</td><td>3.71
5.36</td><td>居住用地</td><td>12.00</td><td>6613</td><td>111</td></tr>
<tr><td rowspan="3">地块点评</td><td colspan="7">关注点描述：宗地为光明新区成立后的第一宗公开出让地块，吸引了多家品牌房企参与竞买，如万科、中海、佳兆业、招商、金地、和黄等，共经过76轮激烈的竞价，地块最后成交的溢价率高达110.53%</td></tr>
<tr><td colspan="7">区域及规划优势：地块位于光明新区，片区目前的交通不便，市政配套较差，但随着新区的发展，其规划建设为“绿色新城”将大力打造该区域的道路交通、生活配套、产业发展等。建设绿色交通示范区，将解决目前出行难的问题。按照规划，该区域将以绿色为主题来打造深圳一体化区域，未来的居住环境更靠近生态，和城镇发展完美融合</td></tr>
<tr><td colspan="7">周边地块及楼盘价格对比：光明新区近几年都没有商品住宅推出，与之靠近的，同属光明新区的公明地区2008年8月有一项目推出，开盘价格8000元/m^2，2008年底价格涨至10000元/m^{2}左右</td></tr>
</table>

续表

观澜土地出让楼面地价最高的地块							
开发商	地块名称及位置	公告号	土地面积（万 m^2）	用地性质	成交总价（亿元）	楼面地价（元/m^2）	溢价率（%）
金地（集团）股份有限公司	宝安观澜横坑水库片区	A909-0138 A909-0137	6.61 9.12	居住用地	24.40	8617	36
地块点评	关注点描述：地块容积率为1.8，是大规模的低密度用地，属近年出让的土地中容积率较低的地块。此次共有8家开发商参与了拍卖，8家公司中有6家大型的房地产开发商如金地、长城、中信华南、招商、佳兆业及以下属公司深圳市易理房地产开发商有限公司名义参与竞买的万科地产。8家开发商共经过95轮竞拍，最后由金地公司以24.4亿元的总价竞得，地块楼面地价高达8617元/m^2，高出2007年观澜地王近2000元/m^2，成为观澜新地王						
	区域及规划优势：地块位于观澜水库片区，观澜未来的发展定位为特区综合服务功能拓展区，主要建设高新技术产业基地、商贸生活功能区、物流功能区、体育休闲旅游度假（商住）基地。澜水库片区拥有优美的自然生态环境，区域之前出让的地块多已开建，大多含有别墅产品形态，有望成为深圳又一高档住宅区						
	周边地块及楼盘价格对比：地块周边自2005～2007年共出让过三宗土地，三宗土地上的项目截止2010年8月仍未发售，而离地块稍远一点的目前在售的项目"招商澜园"的价格为12000元/m^2，和黄观湖园2009年7月推售的双拼别墅的价格为40000元/m^2						

资料来源：深圳市土地房产交易中心、深圳中原市场研究部。

深圳市最值得关注的10大地块（2010年上半年） 表12-5

深圳第一宗地铁上盖的商业性公共设施用地							
开发商	地块名称及位置	公告号	土地面积（万 m^2）	用地性质	成交总价（亿元）	楼面地价（元/m^2）	溢价率（%）
深圳市地铁集团有限公司	南山区科苑南路	T204-0113	0.98	商业性公共设施用地	7.16	7324	0
地块点评	关注点描述：地块靠近地铁一号线深圳大学站，其规划办公面积4.27万 m^2，酒店面积3.8万 m^2，商业面积0.83万 m^2，另有0.5万 m^2的公交站场，将建成一个地铁上盖的都市综合体，也是科技园片区第一个综合体项目						
	区域及规划优势：地块位于深圳的"硅谷"科技园片区，片区内驻扎大量高科技企业，另外也是中小创新型企业集聚的地方。2008年片区每平方公里工业总产值达196亿元、高新技术产品产值达186亿元、工业增加值达43亿元						
	周边地块及楼盘价格对比：无可比项目						

竞争最激烈的非住宅用地							
开发商	地块名称及位置	公告号	土地面积（万 m^2）	用地性质	成交总价（亿元）	楼面地价（元/m^2）	溢价率（%）
深圳市中港淘宝城投资有限公司（宝能下属企业）	龙岗区南澳街道桔钓沙片区	G17301-1576 G17301-1577 G17301-1578	1.24 0.67 4.74	服务业用地、旅馆业用地	6.22	17181	871
地块点评	关注点描述：地块由三幅酒店宗地捆绑出让，为深圳少有的旅游业用途的出让地块，因而吸引了包括宝能、万科、卓越、京基、中海等在内的17家品牌房企参与竞拍，经过长达115轮报价，其成交楼面地价接近深圳单价地王，其溢价幅度也是创深圳新高						
	区域及规划优势：地块位于南澳片区，其所处位置海景非常丰富，拥有大片令人赞叹的海滩资源，并且靠近浪骑游艇会、浪骑别墅及大甲岛度假村，是度假的好去处。另外，2011年深圳大运会的海上比赛项目在附近海域举行，附近的配套措施将不断完善						
	周边地块及楼盘价格对比：暂无信息						

续表

多次流标后终成交的“三限地”							
开发商	地块名称及位置	公告号	土地面积（万m^2）	用地性质	成交总价（亿元）	楼面地价（元/m^2）	溢价率（%）
深圳市比亚迪汽车有限公司	坪山新区聚龙山地区	G14210-0182	20.05	居住用地	6.65	1508	0
地块点评	关注点描述：本宗地为汽车产业扶持配套用地，开发后商品住宅的销售、出租对象仅限于从事汽车、电动汽车整车及零部件研发生产基地专业人才和高级管理人员。地块所处的坑梓片区位于深圳龙岗的东北部，靠近惠州市的惠阳区，距离深圳市区很远，基础设施差、公共服务设施落后，并且其楼市发展水平低，近年来很少有项目推出。该地块出让对象指向深圳唯一的汽车制造企业、全国节能汽车的领军企业——比亚迪公司，出让底价也不高，但2008、2009年两次挂牌出让都没有成交，坊间传闻是因为比亚迪公司认为出让价偏高。在2009年底价基础上有所优惠后，2010年出让终成交，对象为比亚迪公司，其限定了地块的购买对象、限定了未来商品房的购买对象、限定了商品房的最高售价						
	区域及规划优势：地块位于坪山新区，根据政府规划，坪山新区将充分发挥“改革创新试验区”的优势，以园区规划为核心，打造“高端产业集聚区、绿色人居示范区”。新区剩余可建设用地近30平方公里，是深圳市可开发土地面积最大的区域之一，发展潜力巨大						
	周边地块及楼盘价格对比：地块成交楼面地价为1508元/m^2，比2009年底价下降约523元/m^2。片区2010年上半年没有在售项目，2009年销售的“万科金域东郡”和“深业东城上邸”价格8000元/m^2左右						

资料来源：深圳市土地房产交易中心、深圳中原市场研究部。

12.3 住宅市场

深圳市历年商品住宅市场主要指标表（2009～2010年上半年） 表12-6

	商品住宅市场			二手住宅市场	
	批准预售面积（万m^2）	预售登记面积（万m^2）	销售额（亿元）	销售面积（万m^2）	销售金额（亿元）
2009年	470.43	649.66	983.76	1374.81	728.32
2010年上半年	145.72	127.34	267.91	548.40	354.28

数据来源：深圳规划和国土资源委员会、深圳中原市场研究部。

深圳市商品住宅供需情况表（2009年） 表12-7

区 域	新增供应			销售情况	
	新增面积（万m^2）	销售套数（套）	销售面积（万m^2）	成交金额（亿元）	成交均价（元/m^2）
全市	461.59	70074	649.61	983.78	15144
中心区	176.55	25790	222.98	479.78	21516
次中心区	285.04	44284	426.63	504.00	11813

注：中心区面积、金额为中心区各个行政区面积、金额求和，中心区指罗湖、福田、南山和盐田，次中心区指宝安和龙岗，下同。
数据来源：深圳规划和国土资源委员会、深圳中原市场研究部。

深圳市商品住宅批准预售面积季度走势（2009～2010年上半年） 万m^2 表12-8

区 域	2009年第一季度	2009年第二季度	2009年第三季度	2009年第四季度	2010年第一季度	2010年第二季度
全市	88.08	118.09	159.00	105.26	58.62	87.10
中心区	42.45	35.76	63.98	43.21	4.99	15.64
次中心区	45.63	82.34	95.03	62.05	53.63	71.46

注：中心区面积、金额为中心区各个行政区面积、金额求和。
数据来源：深圳规划和国土资源委员会、深圳中原市场研究部。

深圳市商品住宅销售量价季度走势（2009～2010年上半年）　元/m²、万m²　表12-9

区　域	2009年第一季度	2009年第二季度	2009年第三季度	2009年第四季度	2010年第一季度	2010年第二季度
成交价格						
全市	11057	13336	18109	20398	22321	19386
中心区	15045	18142	26538	16769	32033	28602
次中心区	9459	10645	13565	15451	16769	15805
成交面积						
全市	169.04	218.56	126.77	135.24	71.10	56.25
中心区	48.35	78.43	44.40	51.79	25.86	15.74
次中心区	120.69	140.13	82.37	83.44	45.24	40.51

注：中心区面积、金额为中心区各个行政区面积、金额求和。
数据来源：深圳规划和国土资源委员会、深圳中原市场研究部。

深圳市二手住宅成交量价季度走势（2009～2010年上半年）　元/m²、万m²　表12-10

区　域	2009年第一季度	2009年第二季度	2009年第三季度	2009年第四季度	2010年第一季度	2010年第二季度
成交价格						
全市	12670	14648	17093	18095	17766	18593
中心区	15176	17332	20055	21246	20915	22124
次中心区	8407	9380	9975	11310	11138	11926
成交面积						
全市	166.05	354.33	369.23	485.20	232.76	315.64
中心区	107.29	221.99	231.03	288.41	143.30	184.15
次中心区	58.76	131.46	138.20	202.79	84.34	131.49

注：中心区面积、金额为中心区各个行政区面积、金额求和。
数据来源：深圳中原市场研究部。

图12-2　深圳市最值得关注的20大住宅项目区位分布图（2009～2010年上半年）

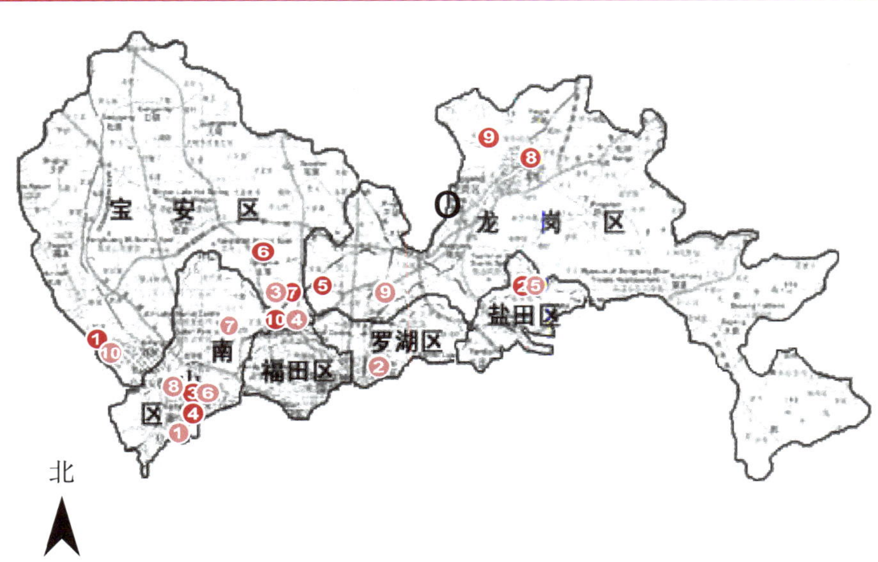

	2009年				2010年上半年		
	项目名称	关注点	关注信息		地块名称	关注点	关注信息
1	半岛城邦	住宅供应面积最大	供应面积：15.89万m^2	1	第五大道	住宅供应量最大、单次开盘供应面积最大	单次开盘供应面积：10.09万m^2
2	幸福里	住宅装修标准最高	处在罗湖的闹市区，交通便利，配套完善，是集商务、购物、娱乐休闲为一体的城市综合体。高标准的精装修、超高层的建筑，是深圳新的地标	2	天麓八区	别墅价格最高	开盘均价：130000元/m^2
3	万科金域华府	住宅价格涨幅最大	价格涨幅：109%	3	三湘海尚	平层单位价格最高	最高开盘均价：52000元/m^2
4	莱蒙水榭山	关外别墅价格最高	最高开盘均价：75000元/m^2	4	鸿威海怡湾	后海片区别墅价格最高、推售住宅装修标准最高	别墅均价：120000元/m^2 装修标准：3000元/m^2
5	天麓六区、九区	开盘前价格不断上调的项目	从开盘的均价32000元/m^2，一路涨到均价130000元/m^2	5	第五园	销售速度最快	2010年3月、6月两度开盘，截止2010年6月底，项目推售单位基本售罄
6	三湘海尚	平层单位价格最高	均价：52000元/m^2	6	水榭春天	成交量最大	总套数/销售套数：910/780
7	纯水岸七期	高层复式单位价格最高	开盘均价：55000元/m^2	7	万科金域华府	新政后项目价格高挺但仍热销	4月新政后，项目价格坚挺，但成交一直理想，到8月份项目基本售罄
8	太古城花园	后海湾第一个城市综合体	后海湾首个建筑规模最大的地铁连体综合体项目	8	摩尔城	龙岗第一个城市综合体	龙岗首个集住宅、商业和商务中心的城市综合体项目
9	荔山公馆	带动布吉片区价格上涨的项目、以罗湖北之名高价开盘且热销的项目	最高开盘均价：19000元/m^2	9	千林山居	新政后首个开盘售罄项目	新政后，其推售的高层单位较前期在售单位价格低，使其成为新政后首个开盘售罄的项目
10	兰乔圣菲	宝安中心区第一个别墅项目	宝安中心区首个别墅项目，也是为数不多的别墅项目之一	10	莱蒙水榭山	关外别墅价格最高	最高开盘均价：75000元/m^2

资料来源：深圳中原市场研究部。

深圳市最值得关注的10大住宅项目（2009年）　　表12–11

半岛城邦（2009年度住宅供应面积最大）		
项目地址	南山蛇口东角头金世纪路与望海路交汇处	
开发商	深圳南海益田置业有限公司	
占地面积（万m^2）	29.96	
建筑面积（万m^2）	91.72	
开盘时间	2009-01-01；2009-03-01；2009-03-21；2009-06-01；2009-12-01	
开盘均价（元/m^2）	17000；20000；18000；22000；28000	
总套数/销售套数	1315/1098	
销售面积（万m^2）	15.35	
销售金额（亿元）	33.56	
项目点评	半岛城邦位于深圳市南山区蛇口片区，邻近蛇口渔港码头和山望公园，海景资源非常丰富，南侧便是西部通道，距离香港较近，同时小区规模庞大，在整个深圳也是名列前茅。截止2009年年底，项目供应面积达15.89万m^2，推售单位销售超8成	

幸福里（2009年度住宅装修标准最高、2009年度深圳新地标的大型城市综合体）		
项目地址	罗湖区宝安南路1881号	
开发商	华润（深圳）有限公司	
占地面积（万m^2）	1.42	
建筑面积（万m^2）	11.00	
开盘时间	2009-07-01；2009-08-03；2009-10-01	
开盘均价（元/m^2）	39000	
总套数/销售套数	767/718	
销售面积（万m^2）	9.94	
销售金额（亿元）	39.65	
项目点评	幸福里处在罗湖的闹市区，距离华润万象城、地王大厦只有咫尺之遥，交通便利，配套完善，是集商务、购物、娱乐休闲为一体的城市综合体。高标准的精装修、超高层的建筑，打造深圳新的地标，配有高达4m/s的高速大电梯，项目视野开阔，景观资料较好，受高端客户追捧，项目推售单位在2009年年底销售已超9成	

万科金域华府（2009年度住宅价格涨幅最大）		
项目地址	宝安区龙华新城金龙路与新区大道交汇处	
开发商	深圳市万科兴业房地产开发有限公司	
占地面积（万m^2）	6.83	
建筑面积（万m^2）	18.89	
开盘时间	2009-01-01；2009-01-07；2009-02-21；2009-03-14；2009-11-01；2009-12-23	
开盘均价（元/m^2）	11500；12500；12700；13000；50000；24000	
总套数/销售套数	1224/1206	
销售面积（万m^2）	11.23	
销售金额（亿元）	19.08	
项目点评	万科金域华府位于宝安区龙华片区，靠近梅林关口，临近地铁4号线民乐站，交通还算便利，项目户型设计新颖，赠送面积多，建筑外立面时尚简约。小区配套有一个幼儿园，主要的竞争项目为龙华的“水榭春天”，项目推售单位2009年年底销售超9成	

续表

莱蒙水榭山（2009年度关外别墅价格最高）		
项目地址	宝安区龙华新城玉龙路东侧	
开发商	深圳市水榭花都房地产有限公司	
占地面积（万m^2）	14.30	
建筑面积（万m^2）	8.59	
开盘时间	2009-09-26；2009-11-13	
开盘均价（元/m^2）	60000；75000	
总套数/销售套数	59/45	
销售面积（万m^2）	1.19	
销售金额（亿元）	7.32	
项目点评	莱蒙水榭山花园位于宝安龙华二线拓展区，经南坪快速十余分钟可达到福田中心区，离关内十分近。小区容积率仅有0.6，为深圳少有的纯别墅项目，拥有丰富的山水资源，全欧式的建筑风格、独特的园林设计，全地下的停车使得项目大受追捧，其推售单位2009年年底销售率接近95%	

天麓六区、九区（开盘前价格不断上调的项目）		
项目地址	盐田区大梅沙生态旅游区	
开发商	深圳东部华侨城置业有限公司	
占地面积（万m^2）	13.86	
建筑面积（万m^2）	3.38	
开盘时间	2009-08-02；2009-08-08	
开盘均价（元/m^2）	80000；55000	
总套数/销售套数	135/154	
销售面积（万m^2）	4.20	
销售金额（亿元）	25.22	
项目点评	该项目位于东部华侨城景区，该景区为国家生态旅游示范区，是深圳大梅沙片区开发水准最高的旅游区域，也是片区最后成片开发的旅游区。2009年推售了九区和六区的单位。九区是处在狭长山谷之中的中式院落别墅，仅有9栋260～270m^2的三联排别墅，倍显珍稀，具有丰富的山海资源，大梅沙海景尽收眼底，六区为126套188-305m^2的双拼、叠拼和洋房，项目从开盘的均价80000元/m^2，一路涨到均价130000元/m^2，到2009年年底其推售单位基本售罄	

三湘海尚（2009年度平层单位价格最高）		
项目地址	南山区深圳湾·科苑大道与东滨路交汇处	
开发商	深圳市三新房地产开发有限公司	
占地面积（万m^2）	9.27	
建筑面积（万m^2）	30.02	
开盘时间	2009-09-05；2009-09-29；2009-11-01；2009-11-29；2009-12-06；2009-12-07	
开盘均价（元/m^2）	33000；52000；90000；36000；43000；110000	
总套数/销售套数	480/405	
销售面积（万m^2）	6.39	
销售金额（亿元）	24.36	
项目点评	该项目位于南山区后海片区，与香港隔海相望，片区有体育板块、滨海生活板块、金融板块和口岸板块组成，规划功能分区明显，未来发展前景诱人。项目是三湘集团进驻深圳市场的开元之作，距西部通道仅百余米，离地铁2号线站点也不远，交通方便，项目全板式设计，户型方正、户户南北通透，视野开阔，景观资源好，项目还从环保的角度出发，引进了太阳能路灯系统、地面渗水系统、社区水的循环系统等，从各方面打造豪宅的标准。截止2009年年底，项目所有推售单位的销售率接近85%	

纯水岸七期（2009年度高层复式单位价格最高）	
项目地址	南山区华侨城香山中街西侧
开发商	深圳华侨城房地产有限公司
占地面积（万m^2）	2.15
建筑面积（万m^2）	9.55
开盘时间	2009-08-01
开盘均价（元/m^2）	55000
总套数/销售套数	130/127
销售面积（万m^2）	3.40
销售金额（亿元）	14.40
项目点评	该项目位于南山区华侨城片区，是深圳最著名的豪宅片区，七期推售的为2栋28层高130套270m^2和340m^2的全复式单位，是整个纯水岸仅有的复式户型，豪宅别墅区的稀缺产品、板楼设计、精装修发售大受市场追捧，开盘当天项目销售就达7成，到2009年底基本售罄

太古城花园（后海湾第一个城市综合体）	
项目地址	南山深圳湾片区工业八路与中心路交汇处
开发商	宝能地产股份有限公司
占地面积（万m^2）	2.22
建筑面积（万m^2）	15.28
开盘时间	2009-09-29；2009-10-01；2009-12-12
开盘均价（元/m^2）	26000；27500；38000
总套数/销售套数	1253/1029
销售面积（万m^2）	6.83
销售金额（亿元）	18.33
项目点评	该项目位于南山区后海片区，片区有体育板块、滨海生活板块、金融板块和口岸板块组成，规划功能分区明显，未来发展前景诱人。是后海湾建筑规模最大的地铁连体综合体项目，交通便利，配套齐全，将成为湾区的商业中心。项目由17座24～32层的高层建筑组成，分南北二区，并由空中走廊连通南北。北区主力户型为130～170m^2三房四房，207～306m^2四至五房及顶层复式；南区主力户型为40～89m^2一至三房，全部精装修交楼。截止2009年年底，项目所有推售单位的销售率为82%

荔山公馆（2009年带动布吉片区价格上涨的项目、以罗湖北之名高价开盘且热销的项目）	
项目地址	龙岗区布吉镇罗岗路与荣华路交汇处
开发商	深圳市信义房地产开发公司
占地面积（万m^2）	9.19
建筑面积（万m^2）	28.48
开盘时间	2009-09-27；2009-10-31；2009-12-05
开盘均价（元/m^2）	15500；16000；19000
总套数/销售套数	525/489
销售面积（万m^2）	4.52
销售金额（亿元）	6.31
项目点评	该项目位于龙岗区布吉片区，临近草埔关，与罗湖仅一关之隔，离地铁3号线、5号线的站点、深惠路和布吉客运站较近，交通便利，周边是信义地产开发的大型住宅区，居住环境成熟，配套齐全，山景资源丰富，产品覆盖两房到五房，大多带有入户花园，户型方正实用，项目所有的推售单位截止2009年年底销售基本售完

续表

兰乔圣菲（宝安中心区第一个别墅项目）	
项目地址	宝安区宝安中心区新安街道兴华路
开发商	万科企业股份有限公司
占地面积（万 m^2）	7.25
建筑面积（万 m^2）	4.35
开盘时间	2009-03-12；2009-05-21；2009-06-15
开盘均价（元/ m^2）	40000；45000；45000
总套数/销售套数	47/55
销售面积（万 m^2）	0.19
销售金额（亿元）	8.31
项目点评	该项目位于宝安中心区，交通便利、配套完善。小区为纯别墅项目，主要由双拼和独栋组成，仅百余套，属片区稀缺产品，全坡式屋顶的设计富有特色，彻底的人车分流独具人性化。作为宝安中心区第一个别墅项目，也是为数不多的别墅项目之一，兰乔圣菲备受宝安本地客户青睐，每次推盘销售均理想

资料来源：深圳规划和国土资源委员会、深圳中原市场研究部。

深圳市最值得关注的10大住宅项目（2010年） 表12-12

第五大道（2010年上半年住宅供应量最大、2010年上半年单次开盘供应面积最大）	
项目地址	宝安区新安街道创业路与裕安西路交汇处
开发商	深圳市高发投资控股有限公司
占地面积（万 m^2）	8.33
建筑面积（万 m^2）	35.18
开盘时间	2010-05-02
开盘均价（元/ m^2）	21000
总套数/销售套数	558/165
销售面积（万 m^2）	1.46
销售金额（亿元）	3.20
项目点评	该项目位于宝安中心区，片区设施规划齐全，项目临近区政府新行政中心及新体育场，临近地铁1号线和5号线的站点，有多路公交车可到达，交通方便。小区自带有商业街、泳池、文化中心、青少年活动室、幼儿园、会所等设置，生活配套齐全便利，该项目单次开盘供应面积达10.09万 m^2

续表

天麓八区（2010年上半年别墅价格最高）	
项目地址	盐田区大梅沙生态旅游区
开发商	深圳东部华侨城置业有限公司
占地面积（万m^2）	12.83
建筑面积（万m^2）	1.61
开盘时间	2010-01-10
开盘均价（元/m^2）	130000
总套数/销售套数	44/74
销售面积（万m^2）	1.32
销售金额（亿元）	15.87
项目点评	该项目位于东部华侨城景区，该景区为国家生态旅游示范区，是深圳大梅沙片区开发水准最高的旅游区域，也是片区最后成片开发的旅游区。八区位于整个项目正中央，依山面海，风水独绝，88栋北欧风情山海别墅，面积在270～350m^2之间，容积率仅有0.12，其产品沿山脊带分布，户户观海，私密性也好，不仅如此，项目还具有超高使用率，赠送面积多。2010年上半年推售单位的销售超过7成

三湘海尚（2010年上半年平层单位价格最高）	
项目地址	南山区深圳湾·科苑大道与东滨路交汇处
开发商	深圳市三新房地产开发有限公司
占地面积（万m^2）	9.27
建筑面积（万m^2）	30.02
开盘时间	2010-01-01；2010-01-14；2010-01-25
开盘均价（元/m^2）	110000；52000；45000
总套数/销售套数	122/171
销售面积（万m^2）	1.49
销售金额（亿元）	6.40
项目点评	该项目位于南山区后海片区，与香港隔海相望，片区有体育板块、滨海生活板块、金融板块和口岸板块组成，规划功能分区明显，未来发展前景诱人。项目是三湘集团进驻深圳市场的开元之作，距西部通道仅百余米，离地铁2号线站点也不远，交通还算方面，项目全板式设计，户型方正、户户南北通透，视野开阔，景观资源好，项目还从环保的角度出发，引进了太阳能路灯系统、地面渗水系统、社区水的循环系统等，从各方面打造豪宅的标准，项目所有的推售单位截止2010年6月底销售接近8成

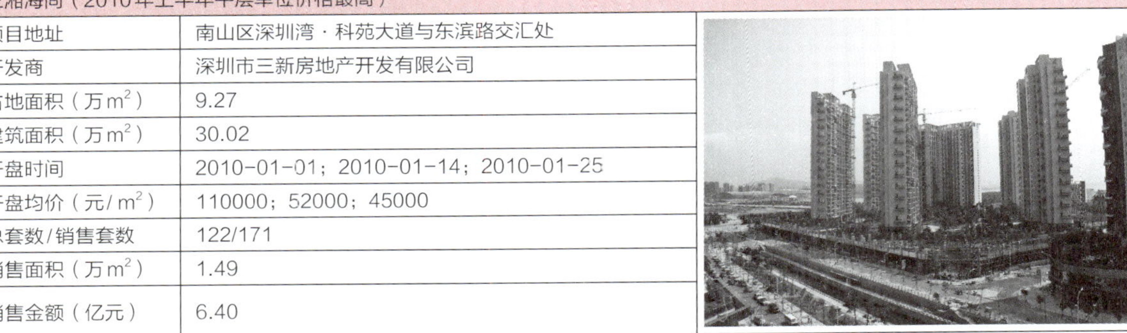

鸿威海怡湾（2010年上半年后海片区别墅价格最高、2010年上半年推售住宅装修标准最高）	
项目地址	南山区科苑大道与招商东路交汇处
开发商	深圳市鸿威房地产开发有限公司
占地面积（万m^2）	5.30
建筑面积（万m^2）	17.15
开盘时间	2010-01-10；2010-04-11；2010-05-03
开盘均价（元/m^2）	45000；39000；45000
总套数/销售套数	292/189
销售面积（万m^2）	3.72
销售金额（亿元）	13.94
项目点评	该项目位于南山区后海片区，片区有体育板块、滨海生活板块、金融板块和口岸板块组成，规划功能分区明显，未来发展前景诱人。项目与西部通道口岸相邻，靠近地铁2号站湾厦站，其为后海片区海景资源最好的项目，可270度一览深圳湾景观。项目规划有联排别墅和高层，高层主力户型为140～160m^2三房，户户设有户内花园，另有少量顶层复式及两房，小区自身配套有14000m^2商业，项目别墅均价达120000元/m^2，装修标准3000元/m^2，所有推售单位截止2010年6月底的销售率约为47%

续表

第五园（2010年上半年销售速度最快）	
项目地址	龙岗坂田五和南路西
开发商	深圳市万科南城房地产有限公司
占地面积（万m^2）	44.00
建筑面积（万m^2）	63.00
开盘时间	2010-03-12；2010-06-05
开盘均价（元/m^2）	21000；20000
总套数/销售套数	202/199
销售面积（万m^2）	1.77
销售金额（亿元）	4.07
项目点评	该项目位于龙岗区坂田片区，项目为超大型社区，自身配套有幼儿园、小学、体育公园、公交总站，商业街等，生活配套齐全。2010年推出的主要是4期的产品，以中小户型为主，户型赠送面积较多，使用率高，收纳空间设计较好、精装修出售，成熟社区，万科物管、巧妙的户型设计使其大受欢迎，截止2010年6月底，项目推售单位基本售罄

水榭春天（2010年上半年成交量最大）	
项目地址	宝安区龙华新城人民路和富国路交汇处
开发商	深圳市水榭花都房地产有限公司
占地面积（万m^2）	16.70
建筑面积（万m^2）	56.59
开盘时间	2010-01-17；2010-05-22
开盘均价（元/m^2）	18000；20000
总套数/销售套数	910/780
销售面积（万m^2）	6.88
销售金额（亿元）	13.51
项目点评	该项目位于宝安龙华二线拓展区，片区规划的广深港高铁、深圳北站以及现有的南坪快速、新区大道、福龙路和地铁4号线使项目四通八达，同时项目为大型社区，自身配套有幼儿园和商业，并引进沃尔玛，未来生活便利。项目主要户型为35～145m^2的三房、四房和120～1[illegible]0m^2的三房、四房、五房。项目所有推售单位截止2010年6月底销售接近8成

续表

万科金域华府（2010年4月新政后项目价格高挺但仍热销）		
项目地址	宝安区龙华新城金龙路与新区大道交汇处	
开发商	深圳市万科兴业房地产开发有限公司	
占地面积（万m^2）	6.83	
建筑面积（万m^2）	18.89	
开盘时间	2009-01-01；2010-03-19，2010-04-27	
开盘均价（元/m^2）	26000；27000；29000	
总套数/销售套数	476/322	
销售面积（万m^2）	4.60	
销售金额（亿元）	12.61	
项目点评	该项目位于宝安区龙华片区，靠近梅林关口，临近地铁4号线民乐站，交通还算便利，项目户型设计新颖，赠送面积较多，建筑外立面时尚简约。小区配套有一个幼儿园，主要的竞争项目为龙华的水榭春天，项目所有推售单位2010年6月底销售接近7成，4月新政后，项目价格坚挺，但成交一直理想，到8月份项目基本售罄	

摩尔城（龙岗第一个城市综合体）		
项目地址	龙岗区龙岗镇深惠路与鹏达路交界处	
开发商	深圳市鹏达房地产开发有限公司	
占地面积（万m^2）	2.67	
建筑面积（万m^2）	13.15	
开盘时间	2010-04-05	
开盘均价（元/m^2）	15500	
总套数/销售套数	180/66	
销售面积（万m^2）	0.98	
销售金额（亿元）	0.64	
项目点评	该项目位于龙岗区龙岗镇，是龙岗第一个集住宅、商业和商务中心的城市综合体项目。项目位于深惠路，与地铁3号线南联站无缝接轨，未来交通便利，建筑外立面设计简洁明了，户型方正，南北通透，带入户花园，精装修出售，但由于价格一直居高不下，成交量无太大起色	

续表

千林山居（2010年4月新政后首个开盘售罄项目）	
项目地址	龙岗龙城街道五联村连心路与朱古石路交汇处
开发商	深圳市万科房地产有限公司
占地面积（万m^2）	20.00
建筑面积（万m^2）	46.14
开盘时间	2010-03-03；2010-04-01，2010-06-04；2010-06-04
开盘均价（元/m^2）	20000；40000；9500；30000
总套数/销售套数	251/260
销售面积（万m^2）	2.89
销售金额（亿元）	5.97
项目点评	该项目位于龙岗中心城，临近深圳最大的生态公园——清林径森林公园，周边还有清林径水库，具有丰富的山水资源，项目为大社区，自身配套齐全、能满足生活所需，但目前周边环境较差，交通不便利。项目有高层住宅，商务公寓和别墅，新政后，其推售的高层单位较前期在售单位价格低，使其成为新政后首个开盘售罄的项目

莱蒙水榭山（2010年上半年关外别墅价格最高）	
项目地址	宝安区龙华新城玉龙路东侧
开发商	深圳市水榭花都房地产有限公司
占地面积（万m^2）	14.30
建筑面积（万m^2）	8.59
开盘时间	2010-02-17；2010-06-19
开盘均价（元/m^2）	75000；65000
总套数/销售套数	12/8
销售面积（万m^2）	0.21
销售金额（亿元）	1.56
项目点评	该项目位于宝安龙华二线拓展区，经南坪快速十余分钟可达到福田中心区，离关内较近。小区容积率仅有0.6，为深圳少有的纯别墅项目，拥有丰富的山水资源，全欧式的建筑风格、独特的园林设计，全地下的停车使得项目大受追捧，项目所有推售单位2010年6月底的销售率约为90%

资料来源：深圳规划和国土资源委员会、深圳中原市场研究部

12.4 写字楼商业市场

深圳市销售型甲级写字楼市场新增供应一览表（2009～2010年上半年） **表12-13**

区域	项目名称	项目地址	开发商名称	上市时间	建筑面积（万m^2）	销售价格（元/m^2）
中心区	卓越世纪中心	中心区CBD南区东南部	深圳卓越世纪城房地产开发有限公司	2009-05-24	12.85	30000
	大中华东方新天地	深南大道与彩田路交汇处	大中华国际实业(深圳)有限公司	2009-12-13	19.78	40000
中心西区	绿景广场	深南大道与香蜜湖路交汇处东南角	深圳市绿景企业管理集团有限公司	2009-06-27	13.04	25000
	创建大厦	福田区深南大道车公庙路段喜年中心旁	深圳耀华创建房地产发展有限公司	2010-01-06	3.30	28000

续表

区域	项目名称	项目地址	开发商名称	上市时间	建筑面积（万m^2）	销售价格（元/m^2）
南山中心区	天利中央广场二期	南山商业文化中心区	深圳天利地产集团有限公司	2009-03-21	9.83	23500
	汉京大厦	南海大道与登良路交汇处	深圳市汇港城投资有限公司	2009-10-10	4.59	25000
蔡屋围	鸿隆世纪广场	罗湖区深南东路与和平路交汇处	鸿隆地产集团有限公司	2010-04-10	9.84	29000
宝安中心区	万骏经贸大厦	宝安区新安街道宝兴路西侧	深圳万骏房地产开发有限公司	2009-11-04	3.23	23000
龙岗中心城	珠江广场	龙岗中心城龙翔大道边	深圳市珠江投资发展有限公司	2009-12-01	5.35	18000

资料来源：深圳中原市场研究部。

深圳市租赁型甲级写字楼市场新增供应一览表（2009～2010年上半年） 表12-14

区域	项目名称	项目地址	开发商名称	上市时间	建筑面积（万m^2）	租赁价格元/（m^2·月）
中心西区	东海国际中心（一期）	深南大道和农林路交界东北	深圳东海集团有限公司	2009-11-17	11.20	176.88
龙岗中心城	正中时代大厦	龙岗区中心城9区龙城大道与龙福大道交汇处	深圳市锦成龙实业有限公司	2009-03	4.83	58.29
	正中时代广场	龙岗区中心城9区龙城大道与龙福大道交汇处	深圳市锦成龙实业有限公司	2009-03	10.34	58.29

资料来源：深圳中原市场研究部。

深圳市甲级写字楼租金季度走势（2009～2010年上半年） 元/（m^2·月） 表12-15

区域	2009年第一季度	2009年第二季度	2009年第三季度	2009年第四季度	2010年第一季度	2010年第二季度
中心区	104.35	104.35	112.53	120.71	126.85	139.13
中心西区	92.07	92.07	92.07	94.12	98.21	110.48
华强北	104.35	104.35	106.39	112.53	118.67	126.85
人民南	124.81	120.71	118.67	126.85	132.99	145.27
南山中心区	85.93	81.84	83.89	85.93	87.98	85.93

资料来源：深圳中原市场研究部。

深圳市甲级写字楼入住率季度走势（2009～2010年上半年） % 表12-16

区域	2009年第一季度	2009年第二季度	2009年第三季度	2009年第四季度	2010年第一季度	2010年第二季度
中心区	88	89	90	91	90	91
中心西区	94	94	94	95	96	97
华强北	96	97	96	94	94	95
人民南	88	90	91	92	92	92
南山中心区	91	93	93	93	95	84

资料来源：深圳中原市场研究部。

深圳市甲级写字楼市场未来供应项目（2010～2011年） 表12-17

项目名称	项目地址	开发商	预计竣工时间	占地面积（万m^2）	建筑面积（万m^2）	项目点评
卓越世纪中心3、4号楼	福田福华三路会展中心东	卓越、皇岗股份	2010-10	3.02	45.60	总高度达到280m，为目前中心区建筑的第一高
绿景纪元大厦	深南大道与香蜜湖路交汇处东南角	绿景	2010-10	0.87	13.04	楼高273m、63层，中心西区第一高
中航广场	深南路与中航路交汇处	中航集团、和记黄埔	2011-12	1.71	23.00	深圳规模最大、最豪华的“城市综合体”
航天国际中心	后海滨路与海德三道交叉处	航天高科	2011-03	1.26	19.50	极富航天高科技特色的标志性建筑
深圳证券交易所	深南大道与益田路交汇处西北角	深圳证券交易所	2011-06	3.92	26.70	该项目是一座集现代办公、证券交易运行、金融研究、庆典展示、会议培训、会所服务、物业管理等为一体的垂直多功能综合办公大楼
京基金融中心	深南东路1003号	京基地产	2011-10	4.24	58.46	项目是深圳市政府确定的“金融中心区”重点改造项目，建成后将成为深圳第一高楼

资料来源：深圳中原市场研究部。

深圳市租赁型商铺市场新增供应一览表（2009～2010年上半年） 表12-18

区域	项目名称	项目地址	类型	上市时间	建筑面积（万m^2）	租赁价格元/（m^2·月）
福田区	NEO企业大道（二期）	深南大道车公庙	写字楼底商	2009-06-20	13.00	300～400
	卓越世纪中心	福田中心区	写字楼底商	2009-06-01	3.60	400～1000
罗湖区	KK MALL	罗湖蔡屋围	纯商业	2009-09-25	8.35	—
南山区	茂业百货南山店	南山区文心二路	纯商业	2009-09-26	5.00	260～1000
	鸿隆世纪广场	罗湖深南大道与和平路交汇处	写字楼底商	2010-04-01	10.95	130～150
	欧洲城香江家居MALL	深圳南山区欧洲城	纯商业	2009-08-08	7.20	120～200
	百仕达喜荟城	罗湖东湖花园	社区商业	2010-03-01	6.00	200～300
龙岗区	华南城二期小商品市场	龙岗区平湖镇华南大道一号	纯商业	2009-05-01	2.00	30～60
	摩尔城	龙岗深惠南联站旁	社区商业	2009-11-19	3.70	200～250
宝安区	沙井中心广场	沙井宝安大道与新沙路交汇处	纯商业	2009-03-19	3.70	80～150

资料来源：深圳中原市场研究部。

深圳市销售型商铺市场新增供应一览表（2009～2010年上半年） 表12-19

区域	项目名称	项目地址	类型	上市时间	建筑面积（万m^2）	销售价格（元/m^2）
盐田区	京基假日海湾酒店	盐田大梅沙	酒店	2009-05-26	2.53	40000
罗湖区	东门荟	罗湖东门中路与晒布路交汇处	社区商业	2010-03-01	11.46	180000
南山区	天利中央广场（二期）	海德三路商业文化中心区	写字楼底商	2009-03-02	3.65	26000
	恒立心海湾花园	南山区港湾大道南	社区商业	2009-04-16	1.12	45000
	君汇新天花园	南山区后海滨路	社区商业	2009-11-12	1.17	180000
	三湘海尚花园一期	南山区东滨路	社区商业	2009-11-13	2.66	150000
	鸿威海怡湾畔花园	蛇口东填海区	社区商业	2009-12-28	1.93	100000
龙岗区	振业峦山谷花园	龙岗区宝荷路	社区商业	2009-04-13	2.37	16000
	大鹏曼湾广场	大鹏街道	酒店与商业综合	2009-09-17	2.24	20000
	派龙城	龙岗龙城南路	商业街商铺	2010-03-01	2.79	23000
	珠江广场	龙岗龙翔大道与建设路交汇处	写字楼底商	2009-11-27	1.09	18000
福田区	丰盛町地下阳光街	福田区车公庙	地铁商业	2009-05-14	1.15	160000
	东方新天地广场	深南路与彩田路交汇处	社区商业	2009-09-16	2.59	60000
宝安区	财富港大厦	宝安区西乡街道宝源路	综合体	2010-01-19	1.72	38000
	金域豪庭	福永街道新城大道东侧	社区商业	2010-03-29	2.28	30000
	溪山	龙华街道梅观高速公路东侧	社区商业	2010-06-01	2.00	35000
	宝田雅苑	宝安大道与西乡大道交汇处	社区商业	2009-03-01	3.65	12000
	畔山御景花园	广深高速与沙江路交汇处	社区商业	2009-08-15	3.92	14000
	深物业新华城美花园	龙华梅龙路与工业东路交汇处	社区商业	2008-11-30	2.11	32000
	高发西岸花园	新安街道创业路与裕安西路交汇	社区商业	2010-04-29	1.38	35000

资料来源：深圳中原市场研究部。

深圳市商铺租金月度走势（2009～2010年上半年） 元/（m^2·月） 表12-20

区域	2009年第一季度	2009年第二季度	2009年第三季度	2009年第四季度	2010年第一季度	2010年第二季度
华强北	805	815	800	810	809	820
福田中心区	570	590	575	580	578	585
地王	160	170	160	165	158	170
东门	765	770	760	760	750	765
人民南	510	518	505	520	515	520
南山中心区	350	355	348	360	358	366

数据来源：深圳中原市场研究部。

深圳市大型集中商业未来供应项目（2010～2011年） 表12-21

项目名称	项目地址	开发商	预计竣工时间	占地面积（万m^2）	建筑面积（万m^2）	项目点评
卓越时代二期	福田	卓越集团	2010年	0.98	11.00	集甲级写字楼、超5星级酒店以及国际一线品牌商业于一体
卓越·中心大道	南山	卓越集团	2010年	6.50	13.00	特复式街铺，实用率高达95%
东海商务中心	福田	东海地产	2010年	6.54	51.00	深南大道两旁最大的综合建筑群之一
宝能·太古城	南山	宝能	2010年	6.61	9.89	近10万m^2super mall，汇集国际一线品牌名店、大型百货、休闲娱乐

续表

项目名称	项目地址	开发商	预计竣工时间	占地面积（万m^2）	建筑面积（万m^2）	项目点评
航天国际中心	南山	航天科技	2010年	3.00	15.00	深圳湾的“航天地标”
向南瑞峰花园	南山	厚显德投资	2010年	2.80	13.75	南山区桂庙片区桂庙路与南光路西北角
田厦国际中心	南山	田厦	2010年	1.66	18.81	南山区桃园路与南光路交叉口西北侧
泰华SLEEK社区	宝安	泰华	2010年	7.65	50.93	地处珠三角核心的宝安中心区，紧临宝安大道，与地铁1号线延长线零距离接驳
水榭春天	宝安	水榭花都	2010年	2.60	56.00	二线拓展区人民路和富国路交汇处东南侧
海轩广场	龙岗	海轩投资	2010年	3.60	19.00	布吉镇罗岗锦龙路与惠康路交汇处
汇龙天下	龙岗	雪麟	2010年	0.90	4.43	龙岗中心城CBD
摩尔城	龙岗	鹏达	2010年	2.67	3.71	引入复合互动的四层商业建筑，将体验式商业空间与社区庭院有机结合
君悦龙庭	龙岗	龙光地产	2010年	3.53	8.93	龙岗中心城豪宅君悦龙庭高端社区商业旗舰配套收官之作
大公馆“大运第一街”	龙岗	绿景、龙康弘	2010年	4.73	1.20	紧邻奥体新城，与大运会主场隔路相望
星河·时代COCO Park	龙岗	星河	2010年	16.00	46.00	凭借大运会和大特区两大利好，成为下一个发展中心
怡龙枫景园	龙岗	俊荣发展	2010年	4.30	1.69	位于龙岗中心商业核心地段，地处龙岗中央生活区

资料来源：深圳中原市场研究部。

图12-3　深圳市最值得关注的10大写字楼项目区位分布图（2008～2010年上半年）

	项目名称	关注点	关注信息
1	华润大厦	租金最高	租金：220元/（m^2·月）
2	地王大厦	最高写字楼	楼高：333.95m
3	卓越世纪中心	规模最大	规划总建筑面积46.60万m^2
4	卓越时代广场	2009至2010年期间租金上涨幅度最大	租金涨幅：41.7%
5	金中环商务大厦	2009至2010年期间市场交投最活跃写字楼	由于同时拥有写字楼及商务公寓，在“限外令”取消等楼市政策影响下，成为全市交易最活跃的物业
6	东方新天地广场	2009年开盘仪式最隆重的写字楼	一众娱乐明星、首创“百富榜”的胡润及数位上榜企业家和大中华集团及各合作公司高层悉数到场
7	招商银行大厦	外形最奇特的写字楼	外形犹如一顶硕大的“博士帽”，结构设计为钢骨混凝土框架—筒体结构
8	东海国际中心（一期）	中心西区档次最高	2009年首个以超高价38000元/m^2开盘销售，但一周后全面封盘，转向租赁市场，租金达160～180元/（m^2·月），同样为中心西区最高
9	耀华创建大厦	2009至2010年期间销售速度最快	项目2010年1月开盘销售，至2010年中，销售率已达93.7%
10	珠江广场	龙岗区首个大型综合体项目	项目包括“皇冠假日”五星级酒店，五星级24小时国际商务OFFICE，大型MALL式购物中心及5A级写字楼

深圳市最值得关注的10大写字楼项目（2008～2010年上半年）　　表12-22

华润大厦（市场租金最高项目）		
项目地址	深圳市深南东路5001号	
开发商	华润（深圳）有限公司	
占地面积（万m^2）	0.82	
建筑面积（万m^2）	4.20	
租金（元/（m^2·月））	220	
管理费(元/（m^2·月）)	30	
入住率（%）	99	
售价（元/m^2）	只租不售	
项目点评	该项目是华润中心首期项目中一座国际标准甲级写字楼，面向大型外资公司及其在深分支机构，代表深圳写字楼的最高素质及品味，已成为深圳综合素质最高的新一代高尚办公物业之典范。裙楼与华润中心万象城相连，集零售、餐饮、娱乐、酒店等诸多功能为一体，各项配套设施齐备。它目前是深圳写字楼租金最高的项目，虽然近年众多高档项目入市，但它一直保持领先水平，且入住率也持续高位运行。其竞争性项目主要有地王大厦及在建的京基金融中心	

续表

地王大厦（最高写字楼）		
项目地址	罗湖深南东道5002号	
开发商	祈福投资有限公司	
占地面积（万m^2）	1.87	
建筑面积（万m^2）	26.68	
租金（元/（m^2·月））	130	
管理费(元/（m^2·月）)	30	
入住率（%）	91	
售价（元/m^2）	28500	
项目点评	该项目为深圳第一高层建筑，高383.95m，共81层。于1996年完工。建成时是亚洲最高建筑，也是全国第一个钢结构高层建筑。现为深圳市最高建筑，位居目前世界十大建筑之列。是老牌高档物业的典范，一直深受国内外大中型企业的青睐	

卓越世纪中心（规模最大写字楼）		
项目地址	中心区CBD南区东南部	
开发商	深圳卓越世纪城房地产开发有限公司	
占地面积（万m^2）	1.85	
建筑面积（万m^2）	12.85	
租金（元/（m^2·月））	160	
管理费(元/（m^2·月）)	13.80	
入住率（%）	42	
售价（元/m^2）	47000	
项目点评	本项目规划总建筑面积46.30万m^2是集写字楼、公寓、商业、酒店多种业态为一体的大型综合项目，最高为280米，为目前中心区第一高，其璀璨的钻石立面在CBD群楼中独放异彩。由于投入市场不久，其租金相对还较低，而入住率也暂时较低。它是目前售价最高的写字楼，整体均价高达47000元/m^2，复式单位更有高达75000元/m^2，无愧深圳写字楼售价第一高。由于中心区以后开发的物业大部分以自持为主，市场竞争项目较少，临近的只有“东方新天地广场”	

卓越时代广场（2009～2010年期间租金上涨幅度最大写字楼）		
项目地址	福田益田路与深南大道交汇处东南侧	
开发商	深圳卓越房地产开发公司	
占地面积（万m^2）	0.73	
建筑面积（万m^2）	11.89	
租金（元/（m^2·月））	170	
管理费(元/（m^2·月）)	44	
入住率（%）	92	
售价（元/m^2）	44500	
项目点评	该项目通过景观廊道将卓越时代广场二期商业、酒店、写字楼联通，进而与在建的卓越世纪中心的商业、酒店、公寓、写字楼等七栋商业综合体接驳。已有中信证券股份有限公司、四季酒店集团、深圳市爱克信安全技术有限公司等知名企业入驻。它是2009年以来租金上涨幅度最大的物业，从120元/（m^2·月）上涨至170元/（m^2·月），涨幅高达41.7%。竞争项目主要是CBD的高档项目，如“国际商会中心”、“现代国际商务大厦”等	

金中环商务大厦（2009～2010年市场交投最活跃写字楼）		
项目地址	福华路与金田路交汇处	
开发商	深圳新浩房地产有限公司	
占地面积（万m^2）	0.74	
建筑面积（万m^2）	10.32	
租金（元/（m^2·月））	130	
管理费(元/（m^2·月）)	16	
入住率（%）	93	
售价（元/m^2）	36500	
项目点评	该项目是全市目前唯一一栋同时拥有两个地铁口和四个第一层“地面”层的四通八达立体交通网的地铁上盖物业；百米范围内拥有四家五星级豪华大酒店，特有的酒店式服务以及独创的5A智能化系统配以三十一个空中园林设计，堪称新一代生态办公典范。由于同时拥有写字楼及商务公寓，在“限外令”取消等楼市政策影响下，成为全市交易最活跃的物业，是投资者最关注的写字楼。它的户型充足，性价比相对较高，入住率一直稳定且较高，中小企业争相进驻。其竞争项目主要有“财富大厦”、“现代国际商务大厦”等相邻项目	

续表

东方新天地广场（2009年开盘仪式最隆重的写字楼）		
项目地址	深南大道与彩田路交汇处东南角	
开发商	大中华国际集团（深圳）有限公司	
占地面积（万 m^2）	1.86	
建筑面积（万 m^2）	19.78	
租金（元/（m^2·月））	—	
管理费(元/（m^2·月）)	—	
入住率（%）	尚未入住	
售价（元/m^2）	45000	
项目点评	在规划上运用了国际上成功的规划模式，形成最新的建造工艺和建造材料创造具有时代气息和国际风范的综合商务小区，以其近500m长建筑基底长度，占据了岗厦北整整一个街区。大型物业群有机地综合了办公商务和居住及完备的配套功能，适应了现代化商旅发展规律。东方新天地广场开盘仪式最为令人瞩目，一众娱乐明星、首创“百富榜”的胡润及数位上榜企业家和大中华集团及各合作公司高层悉数到场，成就一台“星光熠熠”的盛宴。其竞争项目主要有“卓越世纪中心”、“绿景广场等”	

招商银行大厦（外形最奇特的写字楼）		
项目地址	深圳市福田区深南大道7088号	
开发商	深圳东海爱地房地产发展有限公司	
占地面积（万 m^2）	1.04	
建筑面积（万 m^2）	11.90	
租金（元/（m^2·月））	150	
管理费(元/（m^2·月）)	28	
入住率（%）	100	
售价（元/m^2）	只租不售	
项目点评	该项目外形犹如一顶硕大的“博士帽”，结构设计为钢骨混凝土框架一筒体结构，钢结构用量近一万吨。其以独特的外形及高质素的品质吸引着大中型企业入驻。随着中心西区写字楼市场得到迅猛发展，它备受青睐，是入住率最稳定、最高的物业，长期保持近100%的入住率。随着中心西区高档物业越来越多，它的竞争项目在增加，如“东海国际中心（一期）”、“绿景广场”等	

东海国际中心（一期）（中心西区档次最高的写字楼）	
项目地址	福田区深南大道7088号
开发商	深圳东海集团有限公司
占地面积（万m^2）	1.13
建筑面积（万m^2）	11.20
租金（元/（m^2·月））	180
管理费(元/（m^2·月）)	28
入住率（%）	尚未入住
售价（元/m^2）	只租不售
项目点评	该项目是深圳东海集团有限公司开发的大型项目，整个项目由办公楼、酒店、商务公寓、商业四大部分组成，是中心西区最大的综合建筑群。结构上采用劲性钢筋混凝土框筒结构，多达12.5m进深办公空间，超大尺寸的自由阻隔，最节约的方形核心筒。它是目前中心西区档次最高的写字楼，2009年首个以超高价38000元/m^2开盘销售。但一周后全面封盘，转向租赁市场，租金达160～180元/（m^2·月），同样为中心西区最高。其竞争项目主要有“招商银行大厦”、“绿景广场”

耀华创建大厦（2009-2010年销售速度最快的项目）	
项目地址	福田区深南大道6023号
开发商	深圳耀华创建房地产发展有限公司
占地面积（万m^2）	0.64
建筑面积（万m^2）	4.16
租金（元/（m^2·月））	未入住
管理费(元/（m^2·月）)	9.80
入住率（%）	尚未入住
售价（元/m^2）	32000
项目点评	该项目2010年1月开盘销售，以优越的地理位置、相对低廉的售价吸引市场投资者的目光，是近年来销售速度最快的项目，至2010年中，其销售率达93.7%。由于中心西区目前以发展高档写字楼为主，其竞争项目主要是二手物业，如“喜年中心”、“中国有色大厦”等

续表

珠江广场（龙岗区首个大型综合体项目）	
项目地址	龙岗中心城龙翔大道与龙城大道交汇处西北角 
开发商	深圳市珠江投资发展有限公司
占地面积（万 m^2）	2.12
建筑面积（万 m^2）	5.35
租金（元/（m^2·月））	未入住
管理费(元/（m^2·月）)	3.80
入住率（%）	尚未入住
售价（元/m^2）	22000
项目点评	该项目建成后包括五星级酒店、酒店式公寓、高级写字楼、高档商业四大功能，是深圳珠江地产在龙岗中心城开发的“地王”项目，也是政府为大运会配套的重点项目。五星级酒店由全球最大的酒店管理公司洲际酒店集团管理，使用“皇冠假日”品牌，是龙岗唯一的五星级酒店、大运会指定接待酒店。加之五星级24小时国际商务CFFICE、大型MALL式购物中心及5A级写字楼，建成后，将成为龙岗区首个大型综合体项目

资料来源：深圳中原市场研究部。

图12-4　深圳市最值得关注的10大商业项目区位分布图（2009～2010年上半年）

2008～2010年上半年			
	项目名称	关注点	关注信息
1	万象城	运营最成功的商业项目	是深圳最大、华南最好、中国最具示范效应的超大型室内购物及娱乐中心
2	益田假日广场	南山首个高端shoppingmall	有众多国际品牌旗舰店，辐射周边高端居住、商务人群以及游客
3	cocopark	CBD区域的主要商业代表	紧邻深圳国际会展中心，无缝衔接深圳地铁和CBD公交总站
4	怡景中心城	生态型景观园林购物中心	项目以“紫禁公园”为设计概念精心设计，以全新理念打造集购物、休闲、旅游、餐饮、娱乐、文化等于一体，以"生态景观式休闲消费"、"一站式满足"为核心理念的大型生态购物中心
5	卓越世纪中心	CBD最大商务综合体配套商业	卓越世纪中心46.6万m^2的建筑面积，超甲级写字楼、公寓、五星级酒店的商务业态
6	KK MALL	深圳第一高楼的商业核心构成	位于第一高楼439m的“京基金融中心”底部，致力于打造一个以集国际顶尖品牌及各种高端消费业态于一体的高品质国际购物中心
7	华强电子世界	新崛起的又一特大型电子配套市场	经营现代电子产品，集信息、技术、产品和服务为一体的大型综合性专业市场
8	丰盛町地下阳光街	纯欧美风情的地铁商业步行街	项目整体打造的是一条纯欧美风情的阳光商业步行街，主要为周边写字楼白领和居民服务
9	海岸城	目前西部最大的购物中心	目前深圳西部经营面积最大、功能最齐全、服务人群最广泛、最具代表性的集购物、休闲、娱乐、餐饮等为一体的大型购物中心
10	百仕达喜荟城	罗湖次级商业中心的代表	138间各具特色的潮流商铺中，特色餐饮占据了近40%，在罗湖开辟出一片差异性的次级商业中心细分市场

深圳市最值得关注的10大商业项目（2008～2010年上半年） 表12-23

万象城（目前深圳运营最成功的商业项目）	
项目地址	罗湖宝安南路1881号
开发商	香港华润集团
占地面积（万m^2）	8.00
建筑面积（万m^2）	18.80
租金（元/（m^2·月））	600～1500
售价（元/m^2）	—
管理费(元/（m^2·月）)	80
入住率(%)	100
开业时间	2004-12-07
营业面积（万m^2）	—
项目点评	定位于中高档购物中心，凭借其独一无二的立地、硬件条件及专业的商业规划，吸引了众多的国际顶级和国内优秀的商业品牌，其中许多品牌商家在“万象城”开出了其在华南甚至中国的旗舰店，约有三分之一的品牌是首次进入中国或深圳市场。目前位置是深圳最大、华南最好、中国最具示范效应的超大型室内购物及娱乐中心

续表

益田假日广场（南山首个高端shoppingmall）	
项目地址	南山华侨城世界之窗正对面
开发商	深圳市益田房地产集团股份有限公司
占地面积（万m^2）	3.50
建筑面积（万m^2）	13.58
租金（元/（m^2·月））	500～1500
售价（元/m^2）	—
管理费(元/（m^2·月）)	—
入住率(%)	95
开业时间	2008-08
营业面积（万m^2）	10.00
项目点评	南山首个高端shoppingmall，交通便捷，是深圳唯一拥有双地铁站厅的地铁上盖物业，地处深圳华侨城中心地段，辐射周边高端居住、商务人群以及游客，是众多国际品牌旗舰店在深圳的登陆

cocopark（目前深圳CBD区域的主要商业代表）	
项目地址	福田区福华三路
开发商	深圳市星河房地产开发有限公司
占地面积（万m^2）	3.10
建筑面积（万m^2）	8.50
租金（元/（m^2·月））	500～1200
售价（元/m^2）	—
管理费(元/（m^2·月）)	50
入住率(%)	100
开业时间	2006-09
营业面积（万m^2）	—
项目点评	深圳唯一公园版情景式购物中心，CBD区域商业代表，紧邻深圳国际会展中心，无缝衔接深圳地铁和CBD公交总站

怡景中心城（生态型景观园林购物中心）	
项目地址	福田中心区
开发商	深圳市怡景中心城商业发展有限公司
占地面积（万m^2）	4.30
建筑面积（万m^2）	14.00
租金（元/（m^2·月））	500～1000
售价（元/m^2）	—
管理费(元/（m^2·月）)	30
入住率(%)	100
开业时间	2007-04
营业面积（万m^2）	12.00
项目点评	处于深圳CBD地带，大大完善了深圳CBD地带的商业和购物功能配套。项目以“紫禁公园”为设计概念精心设计，以全新理念打造集购物、休闲、旅游、餐饮、娱乐、文化等于一体，以"生态景观式休闲消费"、"一站式满足"为核心理念的大型生态购物中心，目标消费者锁定中产阶层，以时尚流行品牌为主导，同时发展各式国际品牌，其中60%为深圳现有的国内外品牌，40%是首次进驻深圳的国内外品牌。随着CBD人气的提升和配套的完善，中心城的人气渐渐提升

续表

卓越世纪中心（深圳CBD最大商务综合体配套商业）		
项目地址	福田福华三路会展中心东	
开发商	深圳卓越世纪城房地产开发有限公司、深圳市皇岗实业股份有限公司	
占地面积（万m^2）	1.85	
建筑面积（万m^2）	33.00	
租金（元/（m^2·月））	400～1000	
售价（元/m^2）	45000	
管理费(元/（m^2·月）)	—	
入住率(%)	—	
开业时间	尚未开业	
营业面积（万m^2）	3.60	
项目点评	项目建筑面积46.6万m^2，拥有超甲级写字楼、公寓、五星级酒店的商务业态，作为深圳最大商务综合体的配套商业，处于CBD与会展中心的核心地带，致力于打造深圳CBD区域高端商务综合体标杆的大型写字楼底商	

KK MALL（深圳第一高楼的商业核心构成）		
项目地址	罗湖蔡屋围	
开发商	京基地产	
占地面积（万m^2）	4.70	
建筑面积（万m^2）	60.00	
租金（元/（m^2·月））	400～1000	
售价（元/m^2）	—	
管理费(元/（m^2·月）)	45	
入住率(%)	—	
开业时间	尚未开业	
营业面积（万m^2）	8.35	
项目点评	项目位于目前深圳第一高楼“京基金融中心”的底楼，大型综合体业态，是深圳罗湖区金三角商圈继“中信城市广场”、“华润·万象城”、“金光华购物广场”后的又一高端购物中心商业项目，致力于打造一个以集国际顶尖品牌及各种高端消费业态于一体的高品质国际购物中心	

华强电子世界（深圳新崛起的又一特大型电子配套市场）		
项目地址	福田深南中路华强路口	
开发商	华强集团	
占地面积（万m^2）	2.80	
建筑面积（万m^2）	16.80	
租金（元/（m^2·月））	500～2500	
售价（元/m^2）	—	
管理费(元/（m^2·月）)	25	
入住率(%)	98	
开业时间	2008-04-08	
营业面积（万m^2）	5.33	
项目点评	位于深圳繁华的电子一条街——深南中路华强路口，是经营现代电子产品，集信息、技术、产品和服务为一体的大型综合性专业市场，是深圳市新崛起的又一特大型电子配套市场，坐享华强北密集的人流和成熟的商业氛围	

续表

丰盛町地下阳光街（纯欧美风情的地铁商业步行街）	
项目地址	福田车公庙深南大道两侧
开发商	深圳市仁贵投资发展有限公司
占地面积（万m^2）	1.46
建筑面积（万m^2）	2.50
租金（元/（m^2·月））	500～1200
售价（元/m^2）	150000
管理费(元/（m^2·月））	65
入住率(%)	—
开业时间	2009-12-01
营业面积（万m^2）	1.30
项目点评	位于车公庙深南大道南北两侧的大型地铁商业，项目整体打造的是一条纯欧美风情的阳光商业步行街，并有22个出入口与周边19栋写字楼和3座星级酒店相互联通，主要为周边写字楼白领和居民服务，在区域内形成一个全新、便捷的人流空间体系，人们既可以在这里逛街购物，又能安全舒适的穿梭于深南大道南北之间

海岸城（目前深圳西部最大的购物中心）	
项目地址	南山海德三道与文心五路交汇处
开发商	深圳市海岸房地产开发有限公司
占地面积（万m^2）	3.69
建筑面积（万m^2）	12.00
租金（元/（m^2·月））	300～1000
售价（元/m^2）	—
管理费(元/（m^2·月））	50
入住率(%)	98
开业时间	2007-12
营业面积（万m^2）	不详
项目点评	目前深圳西部经营面积最大、功能最齐全、服务人群最广泛、最具代表性的集购物、休闲、娱乐、餐饮等为一体的大型购物中心，也是深圳唯一具有滨海风情特色的购物中心

百仕达喜荟城（罗湖次级商业中心的代表）	
项目地址	罗湖太宁路
开发商	百仕达地产有限公司
占地面积（万m^2）	3.90
建筑面积（万m^2）	31.00
租金（元/（m^2·月））	150～350
售价（元/m^2）	—
管理费(元/（m^2·月））	40
入住率(%)	95
开业时间	2010-04-22
营业面积（万m^2）	6.00
项目点评	植根于百仕达居住片区，以服务于区域性家庭消费需求为导向的大型社区商业，目标人群为周边小区的中产家庭。138间各具特色的潮流商铺中，特色餐饮占据了近40%，在罗湖开辟出一片差异性的次级商业中心细分市场

资料来源：深圳市规划和国土资源委员会、深圳中原市场研究部。

Photo by: Hu wenkit 胡文杰 (www.pdoing.com)

Company

公司

深　圳 | SHENZHEN

中原地产代理（深圳）有限公司

中原地产代理（深圳）有限公司

一、公司简介

中原地产代理(深圳)有限公司成立于1997年，源于香港，属于香港中原集团，是深圳最具规模的大型专业地产代理公司，素有“皇牌代理 信心标记”的美誉。经过十多年的成长，稳步发展，目前员工人数已超过3500名，为政府土地投资提供调研服务，为开发商提供全程咨询策划及销售代理服务，为深港等地客户提供住宅、写字楼、商铺、厂房租售经纪服务以及按揭，评估等服务。

深圳中原成立十多年来，二级市场总代理千余个新楼盘，成交套数超过20万套，成交面积近2000万m^2，成交金额约2000亿，年均增长率超过40%。自2001年起，深圳中原代理楼盘数量、代理楼盘销售量均位居深圳房地产市场首位。

深圳中原住宅部一直推行“公开资讯、公平交易、不吃差价”、“第三方资金监管”等经营理念，已经成为倡导行业诚信和规范行业市场的引领者，并得到了市场的充分认可。如今，深圳中原二手楼成交量已占深圳市场成交量的15%以上，稳居市场榜首。到2010年，公司住宅部营业地铺（分行）已经突破200余家，拥有全方位的房源信息、广泛的客户网络及行业中最先进的信息管理系统，继续引领行业发展。

深圳中原工商铺部秉承专业专注，诚信经营的理念，专注于为客户提供全面的商用物业解决方案，对商业地产项目进行市场分析定位、营销控制、商业设计，招商策划以及推广方案的执行以及销售管理。工商铺部在写字楼，商铺，厂房租售等业务领域始终引领着市场的发展。

深圳中原实行“任人唯贤”的用人制度，给每个人以充分的成长和发展机会，定期组织内部培训，帮助员工进步和成长。2003年深圳中原在《财富》(中文版）及华信惠悦（Watson Wyatt Worldwide）举办的首届“卓越雇主——中国最适宜工作的公司”调查评选中当选为十大企业之一，成为深圳唯一上榜企业。深圳中原坚持诚信经营，自觉依法纳税，2006至2009年间，连续四年荣获福田区纳税百强企业称号，2009年度不仅成为地产代理行业唯一上榜企业，更成为纳税百强企业中房地产企业排名首位，树立了诚信纳税的业界典范。

二、组织结构

深圳中原
总经办
非营业部
三级市场住宅部
三级市场工商铺部
二级市场
人力资源部
行政部
市场研究部
三级市场法
二级市场法
资金监管部
财务部
电脑部
外省事务部
福田区
南山区
华侨城区
罗湖东及盐
罗湖西及［
龙华坂田区
龙岗区
宝中区
宝城区
写字楼部
商铺部
项目投资部
大深圳事务
事业一部
事业二部
事业四部
事业五部
事业六部
事业七部
大深圳营业
发展部
合景泰富增
海南事业部
顾问事业部
拓展中心
商业事业部
绩效中心
外销中心
大深圳资源
大深圳
大深圳
大深圳
大深圳

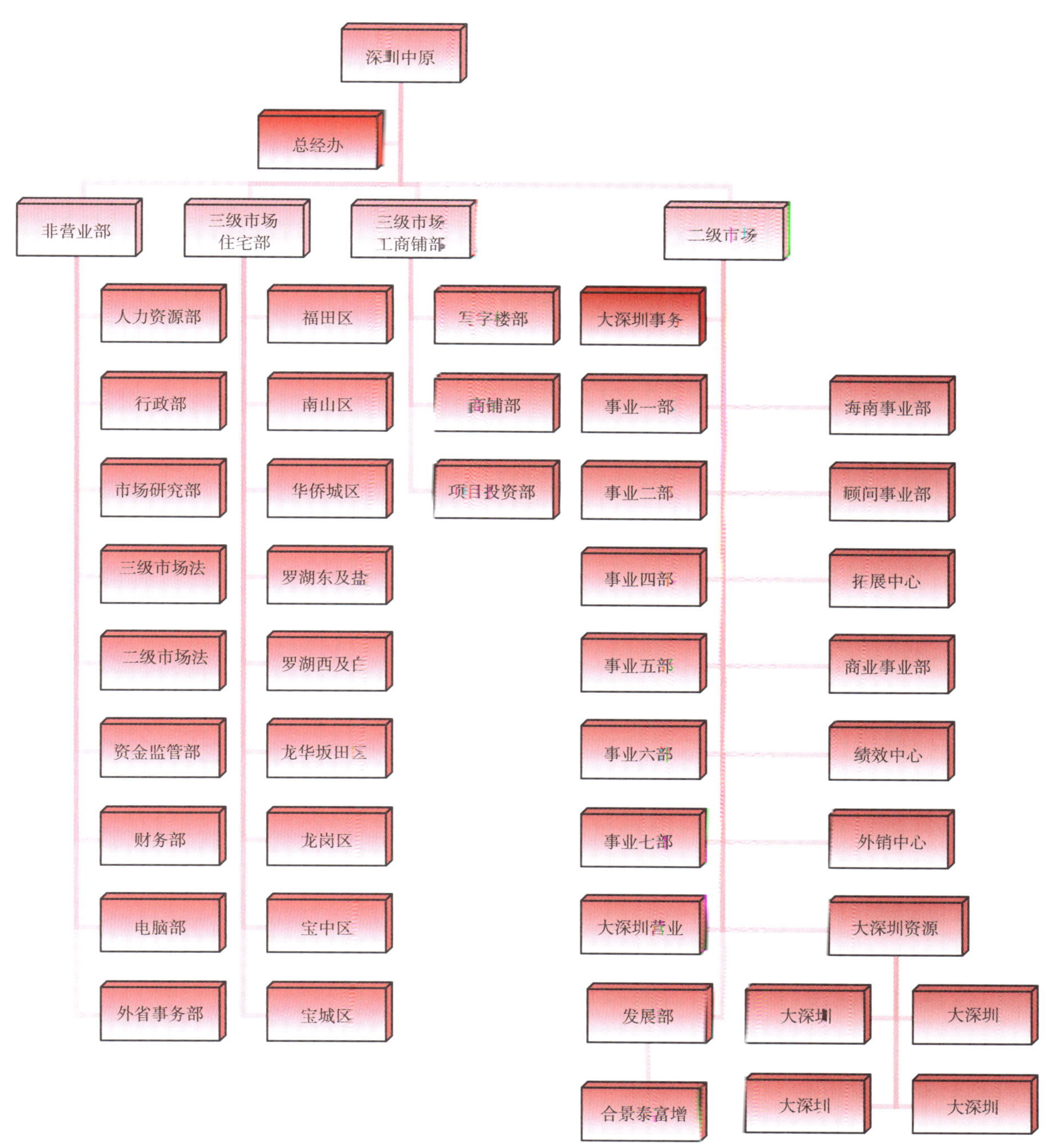

三、主要部门简介

（一）二级市场

1. 部门简介

（1）我们专注于

➢ 整合专业团队，打造明星楼盘

➢ 优化销售流程，业绩独占鳌头

➢ 创新思维体系，挖掘项目价值最大化

（2）我们的优势

➢ 科学创新架构：

事业部（七大事业部、合景泰富增城项目工作小组）

顾问事业部、拓展中心、商业事业部、绩效中心、外销中心、大深圳营销部、发展部、二级市场按揭部

资源中心（综合事务中心、技术发展中心、建筑中心、客户中心）

大深圳（海南分公司、湖南分公司、东莞分公司、昆明分公司、佛山分公司、武汉分公司、惠州分公司、福建分公司）

➢ 区域总部支持体系：

设置区域总部，支持深圳及大深圳分公司运营，区域总部将以项目不同阶段提供服务，包括产品规划、策略推广、销售、财务风险等等。

（3）质量控制流程

➢ 报告质量控制

由品控中心对策划代理流程中的市场分析、项目定位、建筑设计、营销推广、价格定位、营销总结等重要环节的操作进行评审，保证客户享受到具有高客观性、高可靠性和高准确性的服务。

➢ 销售质量控制

为销售人员提供专业的销售技巧培训，利用中原销售系统（CCES）实现销售现场的电脑化、规范化管理，并由销售中心对销售现场服务水平进行监督，为客户提供高效率、高质量的销售服务。

（4）后台网络资源

➢ 客户资源平台

通过二级市场每年100多个在售项目与深圳中原三级市场200多个地铺进行客户资源共享，为项目的成功销售铺就了一个低成本高效率的巨大网络。

➢ 策划资源平台

收集千余个中原历年的策划代理项目案例的策划资源平台，为策划人员提供丰富的成功策划案例，提升和保证全员策划水平，为客户提供专业化、多样化、个性化的策划顾问服务。

2. 业务范围

开发决策

建筑规划

发展定位

营销策略

销售执行

开发顾问

专项研究

3. 主要代理楼盘分布图

安柏·丽晶 百分百公寓 百仕达·东郡 百仕达3号 百仕达花园 保利城花园 布吉中心花园 都会轩
保利文化广场 碧玉小家 碧中园 滨海之窗 缤纷假日名城 缤纷年华 缤纷时代 布吉美杜兰华庭 财富大厦
彩世界 半岛1号（惠州） 彩云居 长城世纪华府 常兴·时代广场 城色 城市3米6公寓 城市山林
春树里 翠海花园 翠林别墅 大世纪花园 桂芳园 点彩人家 棕榈岛（惠州） 东部阳光
东方新城 东方御花园 东方园博苑 东方尊峪 东海花园 东湖豪庭 东门天下 东江明珠花园 港丽豪园 城投福滨苑
汇展阁 翡翠园·山湖居 风格名苑 枫丹雅苑 峰之畔商业 福滨苑 富通城 富源·滨海春城 东
港田花园 书逸豪庭 天琴湾 观海台花园 观澜高尔夫大宅 观澜湖长堤 硅谷别墅 国都高尔夫 中诺
国际会议中心 海岸明珠 海上世界 海逸名苑 海韵嘉园 瀚海翠庭 瀚海东岸 豪园居 皇岗商业
鸿昌花园 鸿景湾名苑 后海花半里 厚德品园 湖彩苑 华景大厦 珠光花半里 华南国际工业原料城 城市中心花园
皇御苑 集信名城 加州地带 佳兆业·可园 佳兆业中心 嘉南美地（一号广场） 三湘海尚 嘉洲华园
金城花园 君汇天下 金港盛世华庭 大中华国际金融中心 金色都汇 金世界商场 金世界商业中心 金域豪庭 龙城
劲力城市明珠 京基·御景华城 景源华庭 君豪阁 君逸华府 俊安苑 骏庭名园 凯旋国际 星河世
蓝堡公寓 蓝堡公寓商铺 蓝海上城 雷圳碧榕湾名苑（海港花园） 水榭春天 半岛城邦 丽湖花园 丽晶中心 荔林
龙福居 龙岗世贸中心 龙泰轩 鹿茵翠地 绿海名都 绿景·蓝湾半岛 罗马公元 美荔园 名家富居 名骏豪庭
名门世家 名商园 名仕阁 南方国际广场 南国丽城 鹏达花园 七里香榭 情缘城市@御庭园 桑泰·丹华（一期）
山语华庭 尚书 深城公寓 圣·莫丽斯 时代广场 世纪春城 世纪豪庭 世金汉宫 书香门第 石鸿·
水岸新都 水晶之城 松泉·自由领地 太平洋百货广场 桃源居·桃源盛景 中海阳光棕榈园 天骄华庭 天然居
天悦龙庭 中海怡翠山庄 万科第五园 万鑫·五州风情MALL 旺业豪庭 玮鹏花园 文雅豪庭 五米阳光
西安–皇城国际 西安–骏景园 西安–天赐良苑 西安–新兴·港湾 西城丰和 西海花城 西海明珠 西海湾花园 西丽
喜洋洋 仙湖山庄 仙桐御景 现代城·梦想家园 现代城华庭 香缤广场 红树西岸 香榭里花园
新亚洲广场 宝能太古城 信和自由广场 鹏达摩尔城 信义锦绣花园 星海名城（第五公社）
星河世纪写字楼 雅颂居 阳光带·海滨城 阳光花园 阳光新境园 御风海岸 阳光假日花园 益田花园·豪园居 云海天城
星河华居 星河世纪公寓 香雅园 新德家园 新亚洲.国利大厦 中港城购物广场 中海深圳湾畔

我们的辉煌：

10余年来，累计策划代理超过千余个楼盘，销售面积近2000万m^2……

成功打造了东海花园、中海怡翠山庄、中海阳光棕榈园、皇御苑、桃源居、百仕达东郡、红树西岸、万科金域蓝湾、万科第王园、观澜湖、圣·莫丽斯、保利文化广场、桂芳园、星河世纪、金中环商务大厦、松山湖1号、东方尊峪、天健现代城、世纪春城、可园、金地名津、桑泰丹华、华侨城天麓、雅颂居、世金汉宫、佳兆业中心、罗马公元、水榭山、卓越维港、信义假日名城、荔山公馆、卡罗社区、富通城、集信名城、城市山林、唯珍府、水木澜山、振业星海名城、海岸卡夫诺、龙城国际、葵花公寓、宝能太古城、三湘海尚、君汇天下等众多明星楼盘……

（二）三级市场住宅部

1. 部门简介

诚信典范·铸就品牌

深圳中原住宅部坚持以诚信为导向，并在实践中履行着自己的承诺，强大的监管系统和员工自身恪尽职守的职业操守保证客户享受到完全真实的信息和服务。而中原率先提出的“公开资讯、公平交易、不吃差价”和“第三方资金监管”等理念，已成为三级市场的行业标准。

高度诚信的服务质量，为深圳中原住宅部赢得大市场。

经过10余年的努力，住宅部实现了业务的高速发展和可持续性发展，现已成为深圳市三级市场的领军人物，在规模、分行数量、成交金额、市场份额等各项指标中均以绝对优势独占鳌头。

2. 业务范围

以规模化经营形成强大竞争实力，拥有全方位的房源信息、广泛的客户网络和便捷MIS系统，即时响应客户需求，完美实现资源优化配置，确保信息流通顺畅。

为客户提供居间代理买卖服务、租赁服务和银行按揭服务等，并代办各项房地产产权转让相关手续，同时为客户提供房地产信息、法律法规等咨询服务。

3. 分行网点分布图

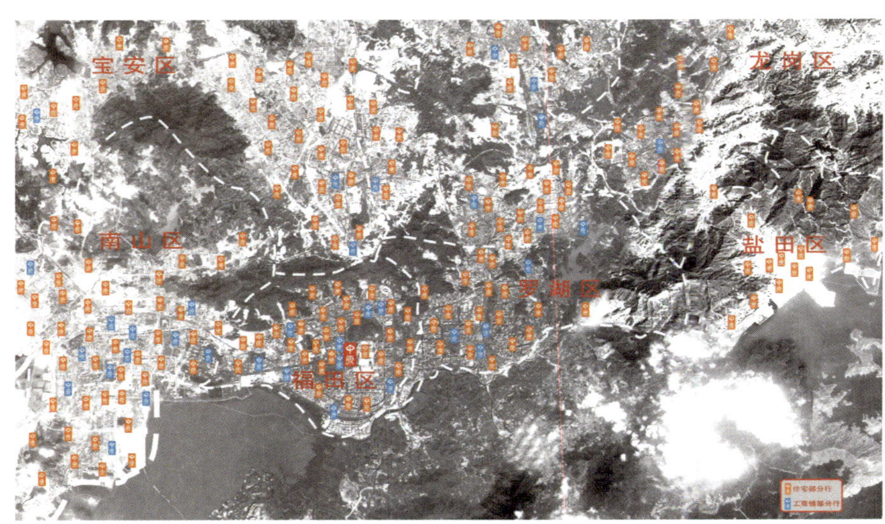

（三）三级市场工商铺部

1. 部门简介

深圳中原工商铺部从2000年开始成立，发展至今已经拥有写字楼部、商铺部、项目投资部、法律和按揭专组等部门。工商铺部职能得到更进一步的完善，同时以其专业化、优质化、高效化去办理写字楼、商铺和项目投资业务。在商业业务上更多元化地为大厦裙楼策划、招商，尽显中原的尽善尽美。成立至今已有近60个工商铺专业部门，业务覆盖深圳、东莞、惠州等地区。

2. 营运理念

我们在市场规则下，寻找顺应自然发展的道路；我们相信“资源发挥优势，交易创造价值”，努力促成每一单交易，为客户实现利益最大化。

3. 人才理念

善用人才，任人唯贤，汰弱留强，能者居之。

4. 服务优势

（1）盘源丰富、分布广

拥有全方位房源信息，来源渠道多，房源丰富，并有实现区域信息共享，且公司本身为香港中原集团成员，集团的分公司遍布全国各地20多个城市，更可充分运用各地区的资源。

（2）客户网络广泛

拥有广泛的客户网络，求盘客户更是络绎不绝。除一般客户外，更拥有大量忠实、长期服务的客户，我们会定期向他们推介物业。

（3）品牌信誉好

我们秉承“公开资讯、公平交易、不吃差价、不炒楼”的服务宗旨，并且是第一个提出不吃差价的中介公司，赢得了客户的信任，树立了中介行业的诚信典范。

（4）人员素质高，成交速度快

我们拥有大量房地产业界精英。公司更有内部专业培训系统来整体提高业务员的专业素质，注重员工的工作技能与心态之共同成长，全面提升业务员的服务心态和营销技巧，使快速成交有保证。

（5）提供完善的售前、售后服务

我们除努力促成交易外，还致力于为客户提供多元化的售前指导和售后跟进服务，包括免费咨询、看楼、刊登广告；代办查档、银行按揭服务、交易过户、个人消费贷款、水电煤气转名过户等。

（6）资金有保障

在资金交收方面，根据客户意愿将款项托付银行资金监管或公司与买卖双方签订资金监管委托协议，买方存款至我公司提供的专用账号；若是按揭付款，则根据按揭银行的规定执行。待买卖双方签署《深圳市房地产买卖合同》，办理完《房地产证》及其他手续的证明资料后，代理机构将付清全部余款给卖方，交付《房地产证》给买方。

（7）强而有力的后勤支持

为配合和更完善各营业部门的业务运作，我们先后成立人力资源部、市场研究部、行政部、电脑部、三级市场法律部、二级市场法律部、财务部、资金监管部、外省事务部等后勤部门，后勤的支援为前线营业部的高效运作，起到了不可估量的作用。

（8）二、三级市场互动，资源共享、信息网络化

深圳中原二级市场已经是一个巨大的潜在客户群。中原的良好品牌造就了二、三级市场之间互动互利，共同享有中原品牌。

（9）媒体广告的宣传攻势

为了更有效地推介客户委托放盘之物业，我司更是大量投入媒体广告，增强宣传力度，力求为放盘客户和求盘客户提供更多资讯。

（10）率先建立地产资讯平台

我们率先建立电脑信息管理联网系统，企业内、外部资讯网互动。网络的互动为客户提供最快捷、最准确的盘源信息。

5. 企业愿景

我们始终做房地产服务领域的领跑者；我们立志让中原的服务走近每个人，我们要凭专业的服务、解决难题的能力去取悦客户，让中原的生命力生生不息。

6. 企业价值观

我们坚持诚信原则，并在诚信中寻找生存技巧；

我们追求效率，通过提高效率不断创造效益；

我们推崇团队精神，更重视个人价值；

我们专业务实，在突破和创新中做市场引领者。

四、荣誉榜

获奖时间	所获奖项	主办单位
2010年6月	福田区2009年度纳税百强企业称号	深圳市福田区人民政府
2009年11月	普利策年度中介大奖	北京大学 南方报业传媒集团
2009年6月	福田区2008年度纳税百强企业	深圳市福田区人民政府
2009年5月	2009年中国房地产经纪行业最佳雇主企业奖	2009年中国房地产经纪人大会组委会
2009年4月	2008深圳地产三级市场杰出贡献奖	深圳商报
2008年6月	福田区2007年度纳税百强企业	深圳市福田区人民政府
2008年4月	深圳市房地产经纪机构最佳LOGO评比第一名	深圳市房地产经纪行业协会
2008年1月	深圳市房地产经纪行业协会第一届会员单位	深圳市房地产经纪行业协会
2007年7月	深圳二手楼中介满意度调查优秀企业	深圳特区报
2007年5月	纳税百强企业	深圳市福田区人民政府
2006年9月	中国房地产诚信企业(2005-2006年度)	中国房地产业协会
2005年12月	最具合作价值的营销顾问机构	深圳报业集团《深圳商报》、《房地产纵横》杂志社主办
2005年5月	2005深圳地产二手楼中介十大诚信品牌	深圳特区报、第一置业网 深圳地产十大品牌顾问机构改革 全国房地产主流联盟
2005年4月	2004-2005年度深圳房地产三级市场放心地铺	深圳报业集团《深圳商报》、深圳房地产中介诚信联盟
2005年3月	行业翘楚 地产先锋	深圳报业集团，深圳商报
2004年1月	2003深圳十大品牌地产中介	深圳特区报
2003年12月	2003年度深圳十大最具影响力品牌地产中介公司	深圳特区报、搜房网、中国房地产指数系统办公室、中国房地产TOP研究组、深港地产研究院
2003年12月	2003年深圳市优秀房地产中介公司	深圳特区报
2003年11月	CIHAF中国房地产优秀中介代理机构	中国“住交会”组委会、中国“住交会”主流媒体联盟
2003年11月	Best Companies To Work For-China	watson wyatt,fortune china and sohu.com
2002年11月	2002年中国（深圳）十大地产销售代理机构	中国“住交会”组委会；深港地产研究院；深圳特区报
2001年10月	UICB"国际讲奖坛”	IUICB
1999年	南方置业会金牌顾问团队	南方都市报

五、深圳中原年度大事记（2009～2010年）

（一）深圳中原住宅部诞生业界佣金收入最高门店

2009年9月，深圳中原住宅部福田区水榭花都分行月度业绩突破700万，创全国业界纪录。

（二）深圳中原二级市场创地产项目开盘销售新高

2009年9月深圳中原二级市场宝能太古城开盘当天劲销900余套，总成交金额达15亿元。创深圳地产项目开盘当日销售新高。

（三）深圳中原二级市场3天代理销售金额30亿

2009年9月深圳中原二级市场水榭山、三湘海尚、汉京山、荔山公馆、宝能太古城五大项目在9月份仅用3天时间，销售金额超越了30亿，缔造了2009年中国代理行业的一个奇迹！

（四）深圳中原工商铺部打破成交量价双纪录

深圳中原工商铺部代理项目——卓越世纪中心开盘全面告捷，成交面积达5.6万m²，总额近17亿元，均价3万/m²，成交量价双双打破近年深圳写字楼成交纪录，在商业地产楼市刮起一股强劲热风！

（五）深圳中原二级市场成功举办“深圳高端豪宅走势暨深圳湾价值高峰论坛”

2009年6月，深圳中原二级市场组织举办“全球视野下深圳高端豪宅走势暨深圳湾价值高峰论坛”，凭借多年来在深圳湾区经营起的号召力，依靠丰富的豪宅操作经验，发起社会各界参与的深圳湾宣言，承诺为把深圳湾打造成深圳面向国际最具吸引力的字符，为实现滨海国际门户而努力。

（六）深圳中原二级市场成功举办“大器已成　龙岗崛起论坛”

在社会各界逐渐意识到并猜测着2011年大运将为龙岗带来怎样新的局面，深圳中原二级市场一马当先召集各方共论龙岗地产的发展机遇。

（七）深圳中原工商铺部新标志隆重启用

2009年7月——深圳中原工商铺部新标志隆重启用：深圳中原工商铺部作为中原地产代理（深圳）有限公司非住宅类物业的专业部门，在中原品牌孕育下，积聚了丰富的业务经验与客户资源，形成了颇具规模的专业化分工团队。深圳中原工商铺部率先开辟历史先河，磨砺核心竞争力，致力于打造非住宅类物业代理专业品牌。2009年向中原集团申请启用独立标志，迈开了深圳中原工商铺部品牌发展的第一步。

中原(工商铺)

CENTALINE SHENZHEN (C.I.S.)

中原地产代理(深圳)有限公司 香港中原集团成员

（八）深圳中原精英会爱心回馈社会活动

深圳中原精英会带领成员于2009年4月、12月共举行两次义务献血活动，用实际行动感恩回馈社会。2009年11月，深圳中原精英会组织举办福利院奉献爱心捐赠活动。在冬日里为福利院的孩子们带去温暖和健康。

（九）深圳中原参与“母亲水窖”爱心联动全国活动

中原地产向中国妇女发展基金会捐赠160万元用于西部缺水地区修建母亲水窖。深圳中原参与捐款总人数高达3404人，公司及个人募集善款总计348115.96元人民币。

（十）深圳中原积极开展“情系玉树大爱无疆”善款募集活动

2010年4月，深圳中原向公司全体发出倡议，投身到“情系玉树大爱无疆”的抗震救灾募捐活动中。深圳中原三千余名员工踊跃响应本次善款筹集活动，活动共募得善款364796.40元人民币。善款已全数通过深圳市红十字会向玉树灾区进行捐赠，用于震区灾后重建。

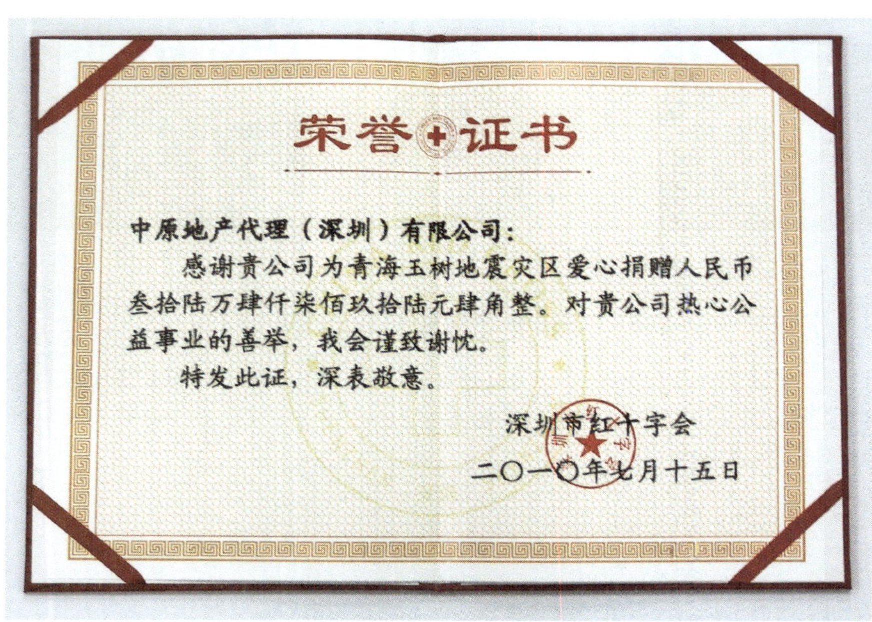

荣誉证书

中原地产代理（深圳）有限公司：

感谢贵公司为青海玉树地震灾区爱心捐赠人民币叁拾陆万肆仟柒佰玖拾陆元肆角整。对贵公司热心公益事业的善举，我会谨致谢忱。

特发此证，深表敬意。

深圳市红十字会

二〇一〇年七月十五日

（十一）深圳中原为“援建希望小学”募得善款50万元

在为玉树灾区捐款同时，深圳中原精英会号召全体展开“援建希望小学”活动，活动共募得善款50万元，送达江西贫困地区用于建立“深圳中原地产希望小学”。深圳中原精英会将持续跟进学校建立事宜。

（十二）深圳中原连续四年蝉联福田区纳税“百强”企业

2010年6月，在深圳市福田区政府开展的关于福田区2009年度纳税“百强”企业和纳税“百佳”民营企业的通报表彰中，中原地产代理（深圳）有限公司再度上榜“纳税百强”企业名单，排名第20位，不仅成为地产代理行业唯一上榜企业，更成为百强企业中房地产企业排名首位。至此，深圳中原已连续四年蝉联此项荣誉。

（十三）深圳中原住宅部分行数量突破200家

2010年9月1日，深圳中原住宅部隆重开张两家分行，至此，深圳中原住宅部分行数量正式达到200家的高水平线，风风火火踏上中原更高层次的起点！

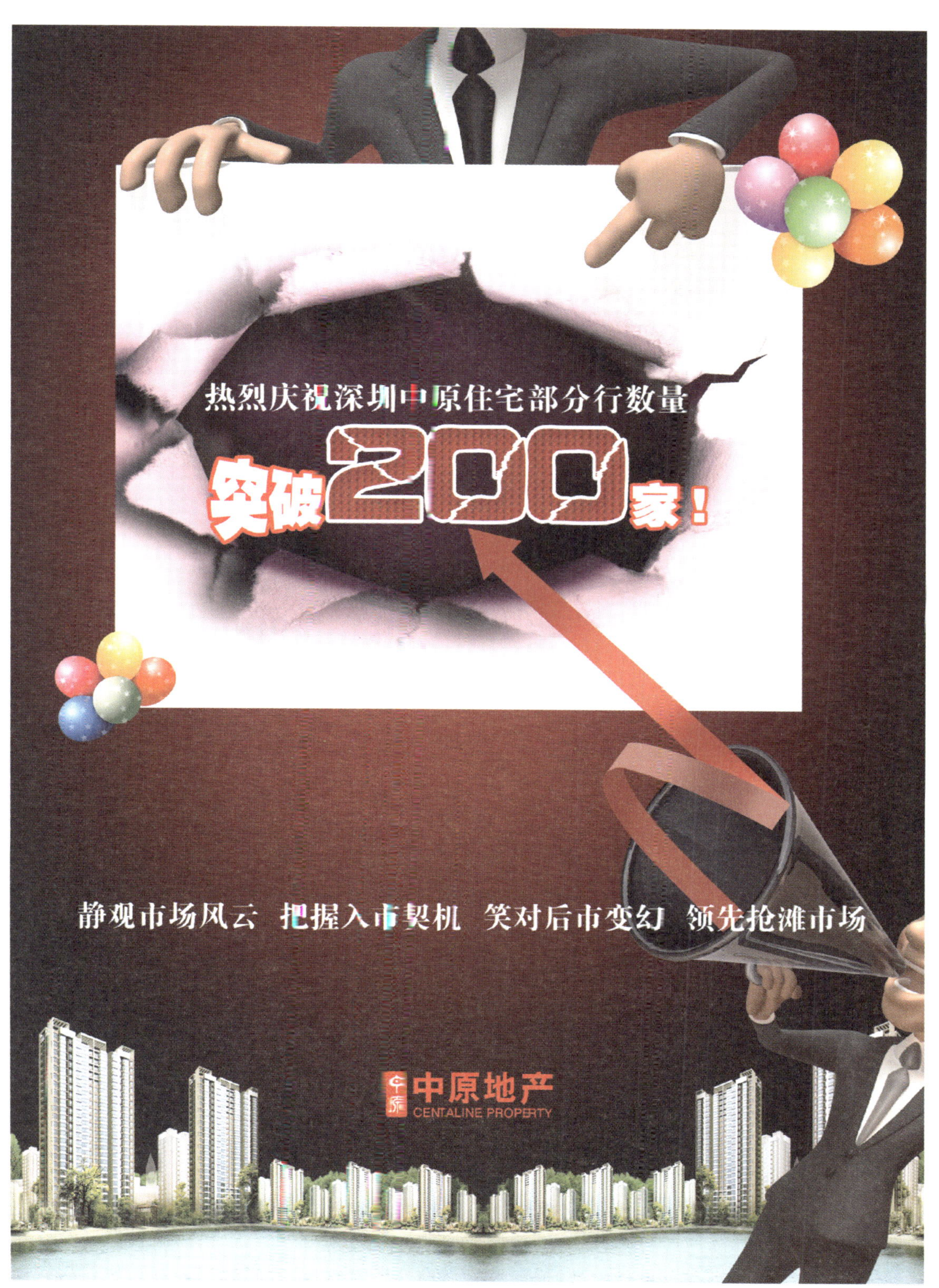
热烈庆祝深圳中原住宅部分行数量
突破200家！
静观市场风云　把握入市契机　笑对后市变幻　领先抢滩市场
中原地产
CENTALINE PROPERTY

（十四）“凭创见　赢未来”深圳中原大深圳区专场招聘会圆满成功

深圳中原于2010年8月21日、9月4日在金茂万豪酒店举行了两场大深圳区专场招聘会，提供职位包括销售总监、区域总监、策划经理、行政主任，文员等各类职位，这些职位分布于深圳、东莞、惠州、长沙等十一大城市。两次招聘会现场门庭若市，十分火爆，现场参加应聘的人员来自不同领域，不仅有刚走出校门的大学毕业生，还有经验丰富的资深人士，不仅有销售精英，还有管理人才。现场的气氛亦是热烈，现场人员与主持人形成良好互动。深圳中原两次专场招聘会规模之大，岗位之多，范围之广，在社会中取得了一定的影响力，为缓解社会就业压力起到了一定的作用。

（十五）深圳中原地产手机报横空出世

《深圳中原地产手机报》由深圳中原市场研究部出品，是以一种全新的传播媒介的专业地产信息周刊。其内容来源于深圳中原市场研究部强大的数据库资源，提取最真实、最快捷、最准确的成交数据以及实效性强的市场报告，着力服务于中原内部同事，营造出更全方位的资讯氛围。

（十六）深圳中原市场研究部推出电子版资讯周报
——中原信通（CRT）

中原信通（CRT），该周报以电子邮件的形式每周一发放至中原同事、发展商及媒体。其内容依托于深圳中原市场研究部强大的数据库资源，及时准确的反馈最新，最真实的市场信息，体现公司公开资讯的原则，以客观真实的数据及专业分析服务于中原全体同事和中原服务的发展商，同时方便于媒体快速准确地报导市场真实情况。

（十七）深圳中原丰富多彩的员工活动

2009 年深圳中原住宅部
“金秋十月 · 中原先锋大阅兵”活动

2010 年深圳中原工商铺部精英日本旅游

2009 年深圳中原非营业部优秀员工宁甘青之旅

“沧海一声笑 磅礴写中原”
深圳中原 2009 年春茗晚会暨员工表彰大会

2009 年深圳中原非营业第二届趣味运动会

“唱响非营业，畅想2010”2010年深圳中原非营业部首届卡拉OK大赛

“快乐生活 竞赛人生”第二届行政文员“风采杯”知识竞赛

“唱响青春旋律 共创和谐非营”2010年深圳中原非营业部半年会暨第二届卡拉OK大赛